· 中国财富收藏鉴识讲堂 ·

泽民讲紫砂壶

姚泽民 ◎ 著

中国财富出版社

图书在版编目（CIP）数据

姚泽民讲紫砂壶／姚泽民著 . —北京：中国财富出版社，2015.8
（中国财富收藏鉴识讲堂）

ISBN 978-7-5047-5748-7

Ⅰ.①姚… Ⅱ.①姚… Ⅲ.①紫砂陶—陶瓷茶具—鉴赏—中国 Ⅳ.① K876.3

中国版本图书馆 CIP 数据核字（2015）第 133277 号

策划编辑 张彩霞	**责任编辑** 张彩霞	
责任印制 方朋远	**责任校对** 杨小静	**责任发行** 邢小波

出版发行 中国财富出版社	
社　址 北京市丰台区南四环西路 188 号 5 区 20 楼	**邮政编码**　100070
电　话 010-52227568（发行部）	010-52227588 转 307（总编室）
010-68589540（读者服务部）	010-52227588 转 305（质检部）
网　址 http:// www.cfpress.com.cn	
经　销 新华书店	
印　刷 北京京都六环印刷厂	
书　号 ISBN 978-7-5047-5748-7 / K·0183	
开　本 787mm×1092mm　1/24	**版　次** 2015 年 8 月第 1 版
印　张 6.5	**印　次** 2015 年 8 月第 1 次印刷
字　数 93 千字	**定　价** 48.00 元

姚澤民講紫砂壺

澤一題

·前　言·

中华民族是世界上最热爱收藏的民族。我国历史上有过多次收藏热，概括起来大约有五次：第一次是北宋时期，第二次是晚明时期，第三次是康乾盛世，第四次是晚清民国时期，第五次则是当今盛世。收藏对于我们来说，已不仅仅是捡便宜的快乐、拥有财富的快乐，它能带给我们艺术的享受和精神的追求。收藏，俨然已经成为人们的一种生活方式。

收藏是一种乐趣，收藏更是一门学问。收藏需要量力而行，收藏需要戒除贪婪，收藏不能轻信故事。然而，收藏最重要的依然是知识储备。鉴于此，姚泽民工作室联合中国财富出版社编辑出版了这套《中国财富收藏鉴识讲堂》丛书。当前收藏鉴赏丛书层出不穷，可谓鱼龙混杂。因此，这套丛书在强调"实用性"和"可操作性"的基础上，更加强调"权威性"，目的就是想帮广大收藏爱好者擦亮慧眼，为其提供最直接、最实在的帮助。这套丛书的作者，均是目前活跃在收藏鉴定界的权威专家，均是央视《鉴宝》《一槌定音》等电视栏目鉴宝专家。他们不仅是收藏家、鉴赏家，更是研究员和学者教授，其著述通俗易懂而又逻辑缜密。不管你是初涉收藏爱好者，还是资深收藏家，都能从这套丛书中汲取知识营养，从而使自己真正享受到收藏的乐趣。

《姚泽民讲紫砂壶》作者姚泽民先生，现为《大美术》主编、姚泽民工作室创始人、中国教育电视台《艺术中国》栏目运营总监、广东卫视《中国大画家》栏目特约顾问、《财富与人生》执行主编、当代孝道文化博物馆文化大使、CCTV中国影响力暨文化中国网特邀评论家、北京师范大学中国易学文化研究院书画研究中心秘书长、中国易学文化研究会书画研究中心秘书长等。并曾在旅游卫视《艺眼看世界》栏目担任艺术顾问和法律顾问，策划拍摄制作专题片100余集。该书是他研究紫砂壶集大成之力作，尤其是将紫砂壶和茶文化以及书画艺术结合起来加以研究，可谓生动新颖而又深入浅出，对于紫砂壶收藏爱好者以及茶文化研究者均有极大的帮助。

姚泽民工作室

2015 年 4 月

目 录 Contents

第一章

浅说紫砂壶

姚泽民讲紫砂壶

·浅说紫砂壶·

一、紫砂的传说

中国紫砂，无论是历史还是品质，当属宜兴紫砂为最。宜兴，已经成为中国紫砂的代名词。

中国众多的手工行业都有供奉本行业祖师爷的习俗，诸如木匠的始祖是鲁班，缫丝制绸始祖则推嫘祖，等等。陶工们也不例外，他们尊称范蠡为陶业祖师爷，奉为"造缸先师"，这多半是认为范蠡有个"陶朱公"的美号，但这却是个很大的误解。丁蜀镇产陶，始于新石器时代，而春秋时的范蠡，在辅佐越王勾践灭吴复国后，便已"乘轻舟，以入于五湖"，经营农业和商业，后定居于山东肥城西北陶山。这是人们感恩于那些对民族生存和发展作出过重要贡献的人士的一种纪念方式，而紫砂陶作为陶中的一个门类，却离不开一个美丽的传说。

传说很久很久以前，丁蜀镇一带只是太湖之滨的一个普通村落，人民日出而作，日落而息，农作之余抟陶土作缸瓮，以作日用之需，过着简朴的生活。忽有一天，一个奇怪的僧人出现在这个镇上。他边走边大声叫唤："富有的皇家土，富有的皇家土。"村民们都很好奇地看着这个奇怪的僧人。僧人发现了村民眼中的疑惑，便又说："不是皇家，就不能富有吗？"人们就更加疑惑了，一直看着他走来走去。奇怪的僧人提高了嗓门，快步走了起来，就好像周围没有人一样。有一些有见识的长者，觉得他奇怪就跟着一起走，走着走着到了黄龙山和青龙山。突然间，僧人消失了。长者四处寻找，看到好几处新开口的洞穴，洞穴中有各种颜色的陶土。长者搬了一些彩色的陶土回家，敲打铸烧，神奇般的烧出了和以前不同颜色的陶器。一传十，十传百，就这样，紫砂陶艺慢慢形成了。

传说是把劳动人民长期的劳动实践及其发现，归拢于一个特定的人物身上，以加强它的神奇性和独特魅力。事实上，紫砂泥的发现是无数劳动人民汗水的结晶，也是整个中华民族智慧的体现。

始陶异僧

二、紫砂的历史

宜兴制陶业有着悠久的历史，根据考古对宜兴古窑发掘证实，早在 5000 年前的新石器时代，这里就开始制陶，到了汉代则更是大量生产日用陶器。进入父系氏族公社后，手工业特别是制陶业开始发展起来，至春秋时期制陶业除生产人们日常使用的陶制器皿外，还生产几何印纹硬陶和原始青瓷，多数呈紫褐色，少量是紫红色。

1976 年在宜兴鼎蜀蠡墅村羊角山发掘出了一处宋代龙窑窑址，出土了许多紫砂陶残片，这些残片复原后的造型有壶、罐、瓶、盘以及壶盖、壶把、龙头壶嘴，等等。其中以壶的数量居多，有提梁壶、高领式壶和矮领式壶三种，造型除了圆身器外，还有"六方型"类。可见当时的成型方式，已逐渐脱离了轳辘拉坯的成型方式，开始走向泥板镶接的方式，尤其是嘴把的粘结，以及整体的成型手法，细部处理，已经奠定了以后紫砂造型的成型基础。

三、紫砂壶的渊源

紫砂壶文化是伴随着茶文化而出现的，与茶文化相生相伴，如影随形。

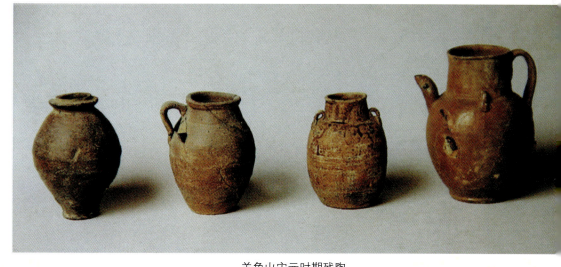

羊角山宋元时期残陶

茶文化在我国有着悠久的历史，古代文人雅士时常聚在一起时，且鼎且缶，一啜一饮，充分展现文人的情趣。宋朝大诗人王安石有诗曰："人固不可一日无茶饮"；北宋时期的梅尧臣曾咏叹："小石冷泉留早味，紫泥新品泛喜华"；欧阳修亦有诗云："喜共紫瓯吟且酌，羡君潇洒有余清"。诗句中所吟"紫泥""紫瓯"说的都是紫砂茶壶。1974年江苏宜兴羊角山发现紫砂窑址，已经基本可以认定紫砂烧造的历史始于北宋。有人提出唐代就已有紫砂壶，但目前尚未发现实物。

通常的说法，紫砂壶的创始人是明代正德——嘉靖时的龚春（供春）。"余从祖拳石公读书南山，携一童子名供春，见土人以泥为缸，即澄其泥以为壶，极古秀可爱，所谓供春壶也。"（吴梅鼎《阳羡瓷壶赋·序》）供春壶，当时人称赞其曰："栗色暗暗，如古今铁，敦庞周正。"短短12个字，令人如见其壶。可惜供春壶已经失传，现在流传的供春壶多是仿品。供春，因此被视为紫砂壶的鼻祖。

四、紫砂壶的发展

（1）第一时期紫砂壶大师为明朝龚春、时大彬、李仲芬、徐友泉四人。

供春学艺

时大彬、李仲芬二人与时大彬的弟子徐友泉并称为万历以后的明代三大紫砂"妙手"。时大彬的紫砂壶风格高雅脱俗，造型流畅灵活，虽不追求工巧雕琢，但匠心独运，朴雅坚致，妙不可思。他的高足徐友泉晚年自叹道："吾之精，终不及时（时大彬）之粗也。"徐友泉，手工精细，擅长将古代青铜器的形制做成紫砂壶，古拙庄重，质朴浑厚。传说，徐友泉幼年拜时大彬为师学艺，恳求老师为他捏一头泥牛，时大彬不允。此时一真牛从屋外经过，徐急中生智抢过一把泥料，跑到屋外，对着真牛捏了起来，时大彬大加赞赏，认为他很有才华，于是欣然授其全部绝活，后来徐友泉果然自成一家。

时大彬如意纹盖壶

（2）第二时期紫砂壶大师为清初人陈鸣远、惠孟臣。

陈鸣远以生活中常见的栗子、核桃、花生、菱角、慈姑、荸荠的造型入壶，工艺精雕细镂，善于堆花积泥，使紫砂壶的造型更加生动、形象、活泼，使传统的紫砂壶变成了有生命力的雕塑艺术品，充满了生机和灵动。同时，他还发明了在壶底书款、壶盖内盖印的形式，到清代这些形式都成了固定的工艺程序，对紫砂壶的发展产生了重大影响。由于陈鸣远的作品出神入化，名震一时，故仿品、赝品大量出现。

陈鸣远四方龙壶

惠孟臣扁鼓小壶

顾景舟先生曾说，从少年习艺，直至暮年，半个多世纪中他也只见到几件陈鸣远紫砂壶的真品。明末天启、崇祯年间的惠孟臣，长于制作小壶，以小胜大。孟臣壶以竹刀划款，以器盖内有"永林"篆书小印者为精品。

（3）第三时期紫砂壶大师是清代中叶嘉庆、道光年间的陈鸿寿和杨彭年。

陈鸿寿，是清代中期的著名书画家、篆刻家。艺术主张创新，他倡导"诗文书画，不必十分到家"，但必须要见"天趣"。他把这一艺术主张，付诸紫砂陶艺。第一大贡献，是把诗文书画与紫砂壶陶艺结合起来，在壶上用竹刀题写诗文，雕刻绘画。第二大贡献，他凭着天赋，随心所欲地即兴设计了诸多新奇款式的紫砂壶，为紫砂壶创新带来了勃勃生机。他与杨彭年的合作，堪称典范。现在我们见到的嘉庆年间制作的紫砂壶，壶把、壶底有"彭年"二字印，或"阿曼陀室"印的，都是由陈鸿寿设计、杨彭年制作的，后人称之为"曼生壶"。陈鸿寿使紫砂陶艺更加文人化，制作技术虽不如明代中期精妙，但对后世影响很大。此外，杨彭年首创捏嘴新工艺，他不用模子，信手拈来，随意而成，颇具天趣。

（4）乾隆以后，伴随着清王朝的衰落颓势，紫砂壶的制作也越来越不景气。值得一提的是嘉道年间的邵大亨，他为陈鸣远以后的一代高手，其他如邵友兰、邵友廷、蒋德休、黄玉麟、程寿珍诸人，则一代不如一代。更多的是因循守旧，缺少创新，制作工艺也日渐草率荒疏。

杨彭年曼生壶

杨彭年曼生壶

邵友兰素身壶

邵大亨龙图八卦一捆竹壶

（5）新中国成立以后，紫砂壶的创作迎来了高峰，涌现出一大批紫砂大师，其中首推顾景舟老先生。顾景舟潜心紫砂陶艺六十余年，炉火纯青，登峰造极，闻名遐迩。其余如朱可心、高海庚、裴石民、王寅春、吴云根、徐秀棠、李昌鸿、沈蘧华、顾绍培、汪寅仙、吕尧臣、徐汉棠、蒋蓉等人，他们也都是各自身怀绝技，各有专长，皆为一时俊才。

顾景舟僧帽壶

蒋蓉荷叶壶

徐汉棠大虚扁壶

李昌鸿菊壶

汪寅仙玺包壶

第二章

紫砂壶的种类

姚泽民讲紫砂壶

• 紫砂壶的种类 •

一、按商品档次分

1. 粗货产品

指价格低廉、经济实用、面向大众的产品。这类紫砂壶加工简单，成本较低，其特点是造型简练、实用大方，例如"贡壶""飘壶""四方""六方""寿星"和"牛盖洋桶壶"等，江南茶馆及一般普通家庭普遍使用这类紫砂壶。

四方印花壶

顾景舟六方壶

印花八方如意大提梁壶

2.细货产品

其价格虽有高低不同，但总体上可通称为经济实用的工艺美术品。这类紫砂壶包括大部分端把壶（执壶）和水平壶，以及茶器等中档日用产品，造型变化丰富，有一定工艺水平，适应一般购买力客户需要。

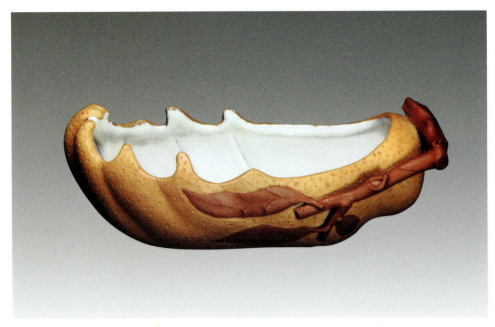

汪宝根　佛手水洗

3.特种工艺品

指以陈设为主的工艺品和那些出于名艺人之手的产品，其价格就得按艺人的成就及产品的艺术价值而论。这类紫砂壶工艺和艺术水平都较高，因此产量很少，产品显得更加名贵。

明代三足洗

二、按作品工艺和艺术档次分

1.历史作品

包括明、清各名家的名壶及其"杂项"（文房雅玩之类）。

2.艺术作品

即现当代工艺美术师制作的特种紫砂工艺品，如茶壶、紫砂雕塑陈设品等。

清俞国良汉君壶

3.中高档紫涛陶器

包括茶具、咖啡具、各类花盆、花瓶、文具、蒸煮餐具、象形餐具、各式雕刻壁饰、浮雕刻字挂盘和陶简等。

4. 仿青铜器

如仿古铜樽、酒具和各种陈设摆件。

5. 普通产品

如一般的壶、杯、盆、瓶等紫砂陶器等。

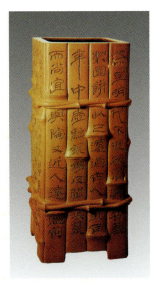

顾绍培十六竹大签筒

俞国良刻花鸟四方笔筒

三、按原料泥土颜色分

1. 紫泥作品

紫泥主要矿物成分为水云母，以及不等量的高岭岩、石英、云母屑和铁等。底皂青（也叫底槽青）是矿底层品质较好的紫泥。

2. 红泥作品

红泥是泥矿中的石黄。《阳羡茗壶录》和《阳羡名陶录》中称之为"石黄泥"。红泥主要产于宜兴川埠赵庄，矿层位于嫩泥和矿层底部，含氧化铁极高，质坚如石。但其矿形琐碎，需经手工挑选。因不利独自成陶，成型工艺难度也高，通常用作紫砂器表面的化妆土。

红泥中的佳品是朱泥。朱泥的胎土，不过是制壶陶手为了求得更精细的泥料，将红泥加以洗泥沉淀，得到约140目到180目细孔的泥料，制成细如

民国兰盆一对

汤天如调砂泥碗

清代黄玉麟鱼化龙壶

顾景舟墨缘斋景记朱泥壶

滑脂的朱泥壶。由于朱泥的泥性甚娇，成型工艺难度也高，而朱泥由生坯至烧成，因收缩率高达 30%~40%，故一般成品良率仅约七成。

3. 绿泥作品

绿泥是紫泥层的夹脂，有"泥中泥"之称，是原矿中比较稀少的泥料，一般很少单独成型。一是可塑性差，烧制过程中容易开裂；二是用后容易出现龟裂现象；三是数量较少，以至于目前市场上纯正本山绿泥制作的壶很少见到。

清代段泥百果壶

四、按行业分

1. 花货

花货即自然形，采用雕塑技法或浮雕、半圆雕装饰技法捏制茶壶，将生活中所见的各种自然形象和各种物象的形态以艺术手法设计成茶壶造型，诸如松树段壶、竹节壶、

花货

梅干壶、西瓜壶等，富有诗情画意，生活气息浓郁。明代供春树瘿壶是已知最早的花货紫砂壶。

2. 光货

光货即几何形，特点是壶身为几何体，表面光素。光货又分为圈货、方货两大类。圈货，即茶壶的横剖面是圆形或椭圆形，如：圆壶、提梁壶、仿鼓壶、掇球壶等；方货，即茶壶的横剖面是四方、六方、八方等，如：僧帽壶、传炉壶、瓢梭壶等。

光货

3. 筋货

筋货是从生活中所见的瓜棱、花瓣、云水纹干创作出来的造型样式。这类壶艺要求口、盖、嘴、底、把都必须做成筋纹形，使与壶身的纹理相配合。这也使得该工艺手法达到了无比严密的程度。近代常见的筋纹器造型有合菱壶、丰菊壶等。

筋囊器

第三章

紫砂壶的特点

姚泽民讲紫砂壶

·紫砂壶的特点·

明代文学家李渔评价紫砂壶："名壶莫妙于砂，壶之精者又莫过于阳羡"。为什么宜兴的紫砂壶如此受追捧？这可从两方面来说明。一方面，它是艺术品，形制优美，颜色古雅，可以"直侪商彝周鼎而毫无愧色"（张岱《梦艺》）。另一方面，它又是实用器，用于沏茶，茶味特别清香："用以盛茶，不失原味"。明代文震亨说："茶壶以砂者为上，盖既不夺香，又无熟汤气。"许次纾也说："以粗砂制之，正取砂无土气耳！"周高起的《阳羡茗壶系》里记载："壶经久用，涤拭口加，自发暗然之光，入可见鉴。"在林古度《陶宝肖像歌》里也有"久且色泽生光明"的诗句。这种既有艺术价值又有实用价值的特点，使得紫砂壶的身价"贵重如珩璜"，备受追崇和喜爱。

紫砂壶的优异特点主要体现在如下几点。

一、具有良好的可塑性

紫砂泥可塑性好，生坯强度高，坯的干燥且烧成收缩率小。很好的可塑性表现在制作时黏合力强，但又不粘工具且不粘手。如壶嘴、壶把均可单独制成，再粘到壶体上后可以加泥雕琢、加工施艺；方形器皿的泥片接成型可用脂泥粘接，再进行加工。这样大的工艺容量，就为陶艺家充分表达自己的创作意图、施展工艺技巧，提供了物质保证和可能性。

紫砂泥的可塑性和结合能力好，是其有利于工艺装饰的原因。再则紫砂泥的焙烧温度范围也宽，为 1190℃~1270℃，目前烧成温度控制在约1200℃，这是紫砂制品不渗漏、不老化，越使用越显光滑的又一原因。

以上均说明，这种粉质细砂岩的紫砂土，是"宜陶宜壶"的最佳泥料，也是陶都宜兴的宝藏。

民国盖杯

二、色香味皆蕴

对于茶汤的孕育与形成，壶的作用是不容忽视的。经过几个朝代的鉴别与比较，茶客们最终发现，紫砂壶具有最大限度地开发茶汤的色、香、味的能耐。明代的文震亨，既是个文化名士，也是个资深的茶客佬。他写过一本

顾景舟茶具组

书，名叫《长物志》。"长"者，多余也。古代的文人常常用"长物"，即"多余的器物"，来指那些他们认为最不能丢弃的东西。在《长物志》里，文震亨这样写道："壶以砂者为上，盖既不夺香，又无熟汤气。"意思便是：用紫砂壶泡茶不失原味，能使茶叶越发醇郁芳沁。既不夺茶香气，又无熟汤气，故用以泡茶，色香味皆蕴。紫砂壶，里外都不用上釉，永远"素面朝天"。因此，一把养育得很好的紫砂壶，即便在不用的时候，也会散发出一股淡淡的茶香。

三、里外均无上釉

　　紫砂器里外均不上釉，用做茶具，其浸出物不会产生某种不良影响而损害人体的健康。因为紫砂泥土成型后不需要施釉，它平整光滑富有光泽的外形，用的时间越久，把玩的时间越长，就会发出黯然之光。这也是其他质地的陶土所无法比拟的。

汪寅仙灵芝树瘿壶

四、独特的双透气孔结构

紫砂器经高温烧成后，成品能保持 2%
的吸水率和 2% 的气孔率。紫砂泥属高岭土，
土中含有大量的氧化铁等化学元素，因而茶
壶内质存在双重气孔结构，一是化学元素团
聚体内部形成的气孔，二是团聚体周围形成
的气孔群，正是由于这两大特点，使紫砂茶
壶具有非常好的透气性，能较好地保存茶叶的

清中期八卦捆竹壶

色、香、味。独特的双透气孔结构特点，紫砂泥具有，而其他泥没有，这种
结构使紫砂壶能比其他材质的茶壶泡出更香的茶，同时能较长时间保存茶水
而不变质。

五、抗馊防腐

较之于其他材质，紫砂具有"透而不漏"的特点。所谓"透而不漏"，
就是说它具有很好的透气性，但是又不漏水。这一点非常重要。据说，这个
奇妙的功能，是被一个老木匠率先发现的。在很久以前，有一个老木匠，在

承建一座庙宇的时候，将他随身携带的紫砂壶遗忘在藏经楼的大梁上了。工程结束了，脚手架也拆除了，老木匠这才想起。于是，他想了许多办法，花了几天时间，好不容易才爬上了藏经楼的大梁，取回了那把紫砂壶。但令他感到惊讶的是，壶里的水居然还没馊。当时正值盛夏，不要说几天了，就是一天，茶汤也会变质的。于是，一传十、十传百，人们都知道紫砂壶具有"冬天泡茶茶不凉、夏天泡茶茶不馊"的神奇功能了。

六、紫砂壶能吸收茶汁，壶内壁不刷沏茶而绝无异味

紫砂壶使用较长时间后，空壶以沸水注入后仍有茶香。

清早期外销壶

民国段泥壶

七、紫砂壶冷热急变性好，保温性强

寒冬腊月，沸水注入，仍不会因温度急变而胀裂，放在温火上炖烧，也无须担心开裂；冬天沏茶，三四十分钟茶水仍温和。

吕尧臣松风竹炉组壶

八、变色韬光

制作紫砂壶的泥料，俗称"五色土"。许多人相信，用"五色土"制成的砂壶，是具有灵性的。在烧制的过程中，紫砂泥会随着炉温的升高，不停地改变颜色。正如清代吴梅鼎所言："瑰琦之窑变，非一色之可名。"紫砂壶在使用的过程中，也会改变颜色。一把紫砂壶，只要你精心养育，它会随着时光的流逝不断地变光、变

百衲壶

色，最终变得"润如古玉、光可鉴人"，给收藏者、使用者带来意外的惊喜。

九、高温和低温下烧茶均不会炸裂

紫砂陶质耐烧，能放在文火上炖烧而不会炸裂。当年苏东坡用紫砂陶提梁壶烹茶，有"松风竹炉，提壶相呼"的诗句，可见紫砂壶受文人追捧喜爱的程度。

八卦彩绘大壶

十、具有色不艳、质不腻的特点

紫砂泥除了结构上与其他泥有差异，纯正的紫砂泥还因其"色不艳、质不腻"的特点给人以视觉感官上的享受。同时，其原矿中含有大量人体所需的微量元素，会在浸泡的同时提供人体所需。

与其他泡茶工具最大的不同之处，经过一段时间的浸泡，紫砂壶能表现出"外类紫玉，内如碧云"（闻龙《茶笺》）的状态，紫砂于是也就有了"紫玉金砂"的美名，浑身散发的黯然之光使品茗人对紫砂壶的感情非"陶醉"一词所能形容。

邵大亨鱼化龙壶

第四章

紫砂壶的养护

姚泽民讲紫砂壶

·紫砂壶的养护·

　　紫砂壶的养护是紫砂壶收藏的重要环节，可以说，不经养护的紫砂壶将会影响紫砂壶的收藏价值。紫砂壶的养护也称为养壶，它通过人与紫砂壶的交流和沟通，用手或者毛巾之类的柔软织物摩挲的过程进行交流和沟通，这个过程日久天长后便能形成"包浆"，令人愉悦而又价值倍增。

　　紫砂壶的养护主要分为开壶和养壶两个方面。

一、开壶

　　新壶在使用之前，需要经过处理，这个过程就叫开壶。

清中期狮钮鼓墩壶

1. 热身

首先将刚买回来的紫砂茶壶，用沸水内外冲洗一次，将表面尘埃除去，然后将紫砂壶放进没有油渍的容器内，加 3 倍高度的水煮两小时，这样紫砂壶的泥土味及火气都会去掉。

2. 降火

将豆腐放进紫砂壶内，放一倍水煮 1 小时。豆腐所含的石膏有降火的功效，而且可以将紫砂壶残余的物质分解。

3. 滋润

将买回来的甘蔗切开后，放在容器内。没有甘蔗，可以放些糖，然后再煮 1 小时。甘蔗的天然糖分，能够让茶壶得到前所未有的滋润。

4. 重生

挑选自己最喜欢的茶叶，放入紫砂壶内煮 1 小时，最好是龙井茶叶。这样茶壶便不再是"了无生气"的死物，脱胎换骨后，吸收了茶叶精华，第一泡茶已经能够令喝茶人齿颊留香。

以上 4 个步骤，既可除去土味，又可使紫砂壶得到滋养，煮后的新壶置于干燥且无异味处阴干后，紫砂壶才可以正式开始使用。

此外，也可采用简易开壶方法：将壶身同壶盖分离，置于锅中，煮至将沸之时，置入茶叶，小火继续煮一段时间后，关火取出自然晾干即可。此法适用于泥土味不是很重且品质较好的原料紫砂壶，用于冲泡铁观音等茶，方便易行。但有时难免碰到壶体打蜡上油的情况，这时就不要偷懒了，需要细心地收拾干净并认真开壶，否则便会影响使用，给身体带来伤害。

顾景舟咖啡壶

二、养壶

（1）用干净毛巾搓茶壶表面，进行再抛光，每天 2~3 小时。不要将茶汤留在紫砂壶表面，这样久而久之紫砂壶表面上会堆满茶垢，会出现破相，不利于欣赏和把玩。

（2）一星期后表面会有红色痕迹，这都是渐渐形成包浆底层，随着时间推移茶壶颜色会变浅。

（3）自然放置一个星期，让茶壶自然干燥，同时表面均匀地和空气接触，形成细密均匀的氧化保护层。

（4）开始手盘。这时的手一定是要刚刚洗过并且已经干透，汗手请不要直接盘，一天可以盘 30 分钟左右，一个星期到两个星期后，可以感觉茶壶有粘阻感，其实这时紫砂壶已经形成了一层薄薄的包浆。

（5）3 个月的时间会看到紫砂壶很有灵气的光泽，包浆好的茶壶会呈现较强烈的反光，有些像玻璃光泽。需要特别注意的是：如果茶壶脏了可以用湿润的棉布擦拭几遍，然后放置一段时间再盘玩，盘的时候茶壶的所有区域都尽量盘到。切忌急功近利，紫砂壶包浆的形成需要日积月累的把玩。

碧海明珠壶

三、养护要留意的细节

（1）泡茶时，先用沸水浇壶身外壁，然后再往壶里冲水，也就是常说的"润壶"。

（2）常用棉布擦拭壶身，不要将茶汤留在壶面，否则久而久之壶面上会堆满茶垢，影响紫砂壶的品相。

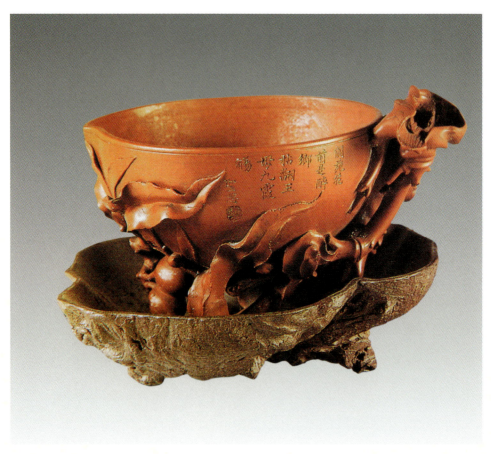

圣思桃杯

（3）壶内勿常常浸着水，应到要泡茶时才冲水。

（4）每次用完后用布吸干壶外面的水分，使用后的紫砂壶必须保持壶内干爽。

（5）勿放置于多油烟或多尘埃的地方。

（6）最好多备几个好的紫砂壶，喝某一种茶叶时只用指定的一个壶，不可喝什么茶叶都用同一个茶壶，应加识别，以免混乱。

明代绳钮提梁壶

（7）切勿用洗洁精或任何化学物剂浸洗紫砂壶，否则会把茶味洗擦掉，并使外表失去光泽。

（8）养壶不只是养外表，壶身内壁亦应一并调养，方能收内外兼修之功。养壶的"内功"最重要的就是：一把壶只泡一种茶。因为紫砂壶具有特殊的双气孔结构，善于吸收茶汤，所以一把久经使用的紫砂壶，即使不加茶叶，

民国段泥木瓜壶

单用沸水亦能冲出淡淡的茶汤来。因此，一把"不事二茶"的茶壶冲泡出的茶汤才能保持原味的鲜度与纯度，如果今天乌龙，明天普洱，后天花茶，那么必然会使茶味混沌，了无个性可言，不值得再把玩和收藏。

（9）紫砂壶造型变化多端，有些如花货、筋纹器较容易产生茶渍死角，可用软毛牙刷勤加清理。另外，壶底较不易接触到茶汤，壶把常含有手上的油脂，易排斥茶汤；还有，会"流口水"的壶嘴下沿应刻意擦拭。诸如此类小细节，皆需要壶主用心照顾。

民国段泥碗灯壶

（10）值得特别注意的是，有些人为了在壶内形成"茶山"，使其看来更具古意，便将茶叶留存其中，任其阴干，但因很多地区高温多湿，霉菌极易滋生其间，若就卫生观点考量，此法实不足取。更有些人泡茶后，故意将最后一泡茶汤存于壶内，直至下回使用前倒掉，认为此法可收内浸外养之效。殊不知，紫砂壶的气孔结构既然容易吸附茶汤，自然也易于吸收霉菌。以此养出的壶，只怕日后冲茶时，亦会带有异味，甚至有碍人体的健康，实是得不偿失。

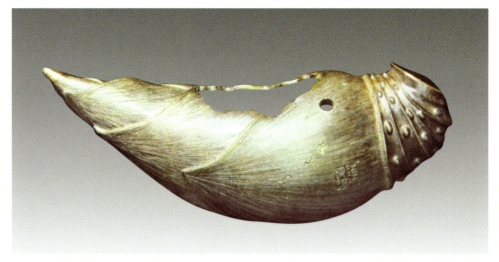

清代陈鸣远竹笋水盂

（11）切忌将壶买回来就束之高阁。有些收藏者不懂得养壶的道理，以为养壶就是将壶放置在干净的地方就可以了，所以将新买回来的紫砂壶往陈列柜里一摆，或者往箱子里一装就算完成任务。殊不知，最好的养壶方法就是每天使用它。

总而言之，想要保养好一把紫砂壶其实并不如想象中的那么困难，各位喜欢紫砂的新朋友们不妨参照上述的步骤及注意事项，细心地如法炮制，即可养成一把人见人爱的好壶。养好的壶摆置架上，温润的光泽便像是自己的心血结晶，那份成就感可不是局外人所能体会的。

清代双环直筒壶

红木镶嵌御包壶

第五章

紫砂壶的鉴赏

姚泽民讲紫砂壶

· 紫砂壶的鉴赏 ·

西施壶

原名西施乳，言壶之形若美女西施之丰乳。确实此壶像丰满的乳房，壶纽像乳头，流短而略粗，把为倒耳之形流短而略粗，盖采用截盖式，壶底近底处内收，一捺底。后人觉"西施乳"不雅，改称之为"倒把西施壶"。文旦、龙旦和西施三种壶形有着直接和间接的关系。三种壶都属于截盖壶。文旦为南方的一种水果，也叫柚子，是按照这个原型做出来的。

西施壶，首创者徐友泉，明末清初吴梅鼎给了徐友泉极高的评价，称其为"若夫综古今而合度，极变化以从心，技而近乎道者，其友泉徐子乎。"吴梅鼎之所以为世人所识，实在是因为写了篇一千五百字的《阳羡茗壶赋》。吴氏曾祖是明正德进士吴颐山。正德进士何许人也？不太清楚，只是他的家童名声太盛，叫"供春"。吴颐山少时在宜兴金沙寺读书，家童供春服侍少主的同时，据说偷学了寺僧制壶，不经意间，成了紫砂壶史上的鼻祖。然后经历了赵梁、董翰、元畅、时朋"四大名家"，然后是时鹏之子时大彬一家独大，时大彬有一高足，就是徐友泉。而吴梅鼎的父亲和徐友泉交好，并请其到家中研制紫砂壶，成就了一段佳话。吴梅鼎更是耳濡目染，徐友泉晚年自叹"吾之精，终不如时之粗"时，他不知道，紫砂史册上，已经有了他浓重的一笔。

王寅春倒把西施壶

石瓢壶

    "石瓢"最早称为"石铫"，"铫"在《辞海》中解释为"吊子，一种有柄、有流的小烹器"。"铫"从金属器皿变为陶器，最早见于北宋苏轼《试院煎茶》诗："且学公家作名钦，砖炉石铫行相随"。苏

石瓢壶

东坡把金属"铫"改为石"铫"，这与当时的茶道有着密切的关系。苏东坡贬官到宜兴蜀山教书，发现当地的紫色砂罐煮茶比铜、铁器皿味道好，于是他就地取材，模仿金属吊子设计了一把既有"流"（壶嘴），又有"梁"（壶提）的砂陶之"铫"用来煮茶，这"铫"也即后人所称的"东坡提梁"壶，这可谓最早的紫砂"石铫"壶。

    从留传于世的石铫壶看，至陈曼生、杨彭年时期，已有了很大的变化，更趋向文人化和艺术化。"曼生石铫"主要特色是上小下大，重心下垂，使用稳当，壶嘴为矮而有力的直筒形，出水畅顺，壶身呈"金字塔"式，观赏

端庄。"曼生石铫"与"子沿石铫"相比，虽同为彭年所制，但前者更显饱满而丰润，后者则刚烈而古拙，这可能就是"艺如其人"之体现。

那么，紫砂"石铫"何时被称为"石瓢"呢？这应从顾景舟时期说起，顾引用古文"弱水三千，仅饮一瓢"，"石铫"应称"石瓢"，从此相沿均称石瓢壶。

供春壶

明代供春壶

供春壶是明代正德、嘉靖年间，江苏宜兴制砂壶名艺人供春所作的壶。传说他姓龚，名春。供春是一位官员的书童。供春陪同主人在宜兴金沙寺读书时，寺中的一位老和尚很会做紫砂壶，供春就偷偷地学。后来他用老和尚洗手沉淀在缸底的陶泥，仿照金沙寺旁大银杏树的树瘿，也就是树瘤的形状做了一把壶，并刻上树瘿上的花纹。烧成之后，这把壶非常古朴可爱，于是这种仿照自然形态的紫砂壶一下子出了名，人们都叫它供春壶。当时和后代的许多制壶大师都争相仿制。供春壶已经名满天下，当时宜兴的紫砂壶从粗糙的手工艺品发展到工艺美术创作，应该归功于供春，历代文献也是这样记载的。历来宜兴的紫砂名家高手，仿制供春壶的人很多，我们从各个博物馆可以看到，明代的黄玉麟、江案清，还有当代的汪寅仙、徐汉棠等，都对供春壶做过研究，做过仿制。

仿古壶

仿古壶，一说清代邵大亨初创，原意是壶体仿照鼓型，后人仿制做这种壶形就成了仿古代壶型的意思了。

另说最早见于近代赵松亭按吴大徵授意所作，身扁、腹鼓、颈高、盖

冯桂林仿古壶

板平滑，壶盖与口沿子母线吻合严密，合成圆线饱满，扁钮有力，虹钮有势，二弯流胥出自然；圆圈把匀势而起，有些款把圆下有垂，富于灵动，整体骨肉亭匀，收展有度，有一气呵成之畅。

半月壶

"海上生明月，天涯共此时"唐朝诗人张九龄笔下的千古名句在构筑美妙意境的同时，也给壶艺创作留下了极大的想象空间，可以用紫砂壶诠释对生命、文化和艺术的理解。每位艺人在创作"半月壶"时就是顺应诗人意境，怡情自然的人生思索。

半月壶一直以质朴无华、典雅端庄而独占一席之地，从古到今长盛不衰，正所谓"弱水三千，仅饮一瓢"。半月壶协调和谐、舒张简洁、前呼后应，一张扬、一内敛，张弛有度，仿似一篇美文，越读越醉，半月壶营造的是一种源于心灵上的对团圆的期盼。所谓"明月千里寄相思，半月万里思更浓"；一把壶诉说的不仅仅是单纯意义上的思念，更表达了中国传统文化中对"月圆人圆"的向往。

井栏壶

顾名思义，其造型源于井栏。"井栏"一词，传统文化中多见，如"命理之学"中有"井栏"一格，陈式老架二路太极拳谱第四十一式为"回头井栏直入"。实际生活中的井栏即井之护栏，亦名井床，井干。古人掘井多置井栏，有的还置井盖、井顶、井亭，它们既可护井，又能起到美化环境的作用。

民国线圆壶

井栏壶

掇球壶

掇，落起来的意思，掇球，落起来的球。掇球壶是典型的几何型传统圆壶式，也是最优秀的紫砂壶代表款式之一，它的基本造型由壶钮、壶盖、身壶构成，并由小中大三个顺序排列的球体组成，壶腹为大球，壶盖为小球，似小球掇于大球上，故称掇球壶。掇球壶在盖沿和口沿各塑一条粗细不同的烧线，这种上粗下细复合在一起的双线，称为天压地或文武线、子母线。民国时期程寿珍所作掇球壶为掇球中的精品。

民国谈氏掇球壶

秦权壶

秦权：秦统一六国后统一了度量衡，"权"就是用来称量重量用的秤砣；"秦权"壶就是仿其外形。谁最早创制了秦权壶，不得而知。但晚清梅友竹与韵石合作，一如当年陈鸿寿与杨彭年的传奇。紫砂题铭，直追曼生，妙不可言。"载船春茗桃源卖，自有人家带秤来。"桃源卖茶，以壶为秤，充满了想象的意境和潇洒不羁的情趣。

最早秦权壶采用的是环耳形把手。后来不知何人所为，改成了龙形把手。龙之于中华文化，有着数不尽的故事。《山海经·海内经》中说，禹的父亲鲧，为了给百姓治水，私自窃取了上天的息壤，被天帝殛杀于羽山之野，终年不见天日，只有叫做烛龙的神龙，口衔蜡烛，带来一线光明。鲧死后精魂不散，尸体三年不腐，天帝怕他复活，派人带"吴刀"为鲧剖腹。在鲧的躯体被剖开的时候，从他腹中跳出一条虬龙，盘曲腾空，这就是鲧的儿子大禹。

而鲧的尸体也同时化为一条黄龙，沉入羽渊。另外，在大禹治水过程中也得到了应龙的帮助，进而奠定了夏朝建立的基础……秦权为壶，气度泰然，刚正不阿。光面古拙中意象万千，顾老更是将秦权做成了素器的巅峰典范。

秦权壶

掇只壶

《宜兴县志》中提到有一把壶，"一壶千金，几不可得"。千金之壶，可以说是价值连城，称得上是壶中之王。那么，这究竟是怎样的一把紫砂壶呢？

《宜兴县志》中记载的这把千金之壶是一件被称为"掇只"的紫砂壶，"掇只"是紫砂壶造型中特有的一种壶型，造型像是把许多球和半球堆积到一起，由于掇在汉语里有连缀堆叠的意思，因此，这种造型的壶被称为掇只壶。

《宜兴县志》中记载的掇只壶之所以价值连城，一个重要原因是它出自宜兴制壶大师邵大亨之手。

茄段壶

茄段壶，造型灵感来自枝头成熟的茄子，若要达到较高的艺术表现力，最好使用特级紫茄泥。

以茄蒂为壶纽，生动有趣；气度饱满，将张力处理在欲破不破之间；流、把的呼应自然顺畅，静动如一。壶面充分表现出紫砂的种种优越属性，色泽暗淡沉朴，如紫水晶般深邃，如古玉般温润。

欣赏茄段壶可以从中感受到自然的力量以及生活的魅力，体会到艺术的魅力。

民国茄段壶

水平壶

在明之中期盛行品茶，故小壶开始得以流行，不过，水平壶的出现也在一定程度上取决于当时工艺制作水平的提高，容量很小，是中国广东、福建一带喝"功夫茶"的器具，在东南亚一些国家和地区也有一定市场。因为喝"功夫茶"时，壶内要放很多茶叶，仅用开水冲泡，茶汁出不来，还必须将壶放在茶碗或茶海内，用沸水浇淋茶壶的外面，使茶壶浮在热水中，才能使茶叶泡出来，这就是水平壶名称的由来。

最著名者为惠孟臣水平壶。

水平壶

虚扁壶

"虚扁"自明末即有，散见于各大紫砂典籍图谱。此壶式在各个时代都有名家加以临摹再创作，佳构不绝。

"虚扁"是紫砂传统全手工成型中最难得的器型，行话"造型扁一分，成型难一分"，从围身筒成筒型，然后用"泥拍子"一下一下地拍成这么扁，力要匀，扁又不能塌，对于全手工操作技巧是一个极大的挑战。

虚扁壶

笑樱壶

"笑樱壶"始于明代，型制沉重扎实，有种绝不妥协的硬汉风格，有行家以激昂之态，介绍其冲茗特性："冷酷的外表，蕴藏着火热的心，冲茗热情豪放，醇厚而韵强，香甘温甜，明快果决，壶中英雄也！"

笑樱，以交融而又谐调之态漫流的几种色彩，表现出传统文化中的"君子和而不同"的精神内质。理论学者解释说："和"通"合"，都是一种含蓄的"吉祥"文化心理法则。"和"代表顺和、祥和、和气、和谐，表现出一种舒展开阔的生活情感；而"合"代表融合、综合、合适、合作，表现出一种中庸淡定的处世态度。

黄玉麟供春壶

德忠壶

"德钟"壶型为钟，"德"是修辞，最具代表性的作品便是邵大亨的德钟壶，大亨所创光素造型代表作中的又一佳器。器型端庄稳重，比例协调，结构严谨，泥色紫润，系最佳天青泥之呈色。技艺手法的表现已达紫砂传统基础技艺的巅峰。壶身手感极佳，触摸舒服，造型简洁质朴，一洗清季宫廷之繁缛习气。壶盖内有"大亨"楷书瓜子形印。

清代高圆大壶

龙蛋壶

龙蛋壶是紫砂壶器型中的经典一类，其圆滑可爱的造型深受壶友喜爱。作品做工小巧精致，壶身通体为蛋状，壶身光滑圆润，短嘴为直流状，倒把拿捏方便，扁圆珠纽。

关于龙蛋壶的起源，有这样的记载，清代吴鼎梅《阳羡茗壶赋》："圆者如丸，体稍纵，为龙蛋。"这是最早的龙蛋壶式。

慎德堂　高珠壶

"龙蛋壶"造型取于蛋形，据记载，龙的九太子貔貅是从龙蛋中破壳而出的，而在民间，貔貅既有辟邪的意思，又有"家有貔貅万事无忧"的含义在里面，在东方文化中，龙又是一个至高无上的吉祥图腾，以"龙蛋"来命名，是一种美好的祝愿与寄托，圆润可爱的造型、吉祥美好的寓意，让"龙蛋壶"平添了一种拙味和稚气的亲切感。

潘壶

据《阳羡砂壶图考》记载，潘仕成字德畬，为清道光年间广东番禺人。先世以盐贾起家，累官至两广盐运使。由于潘氏家传素嗜饮茶，便在宜兴定制专属紫砂壶，一则自用，一则往还馈赠。潘氏定制的紫砂壶形制固定，且惯于将印款落于盖沿之上，壶底及他处反而不落款，所用印款均为阳文篆字"潘"印。由于潘氏声名远播，世人乃将此一形制紫砂壶称为"潘壶"。

潘仕成祖籍福建莆田，用朱泥小壶喝茶的习惯应源于此，因而所有正宗由潘仕成所设计定制的潘壶均应是朱泥小紫砂壶。一般是三款，分别为高潘、矮潘、中潘。

壶腹作扁柿形者，曰"矮潘"；器身稍高，近扁球形，曰"中潘"；器身高，近梨形者，是为"高潘"。潘壶一般为闽南人家泡功夫茶用，但据当地乡人表示，潘仕成祖籍莆田一地，因以潘氏为荣，在女儿出嫁时必以一潘

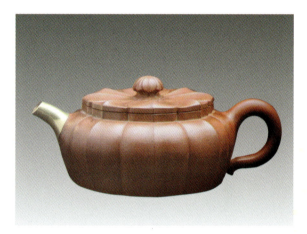

清菱花壶

壶为嫁妆，希望在夫家相夫教子，能像潘仕成般享荣华富贵。所以多要求为宜兴紫砂潘壶，绝少用土产的汕头壶。通常这种随嫁的紫砂壶潘壶并不一定用作泡茶，也有置于梳妆台装发油之用，且女主人百年之后，多作为陪葬物，以示对娘家养育的感念之意。

周盘壶

曼生喜好夜读，每每捧卷至深夜，间或倦怠，品茶以缓之，闭目静思：十年寒窗无人晓，一举成名天下知，而其中艰辛唯有自己能够体味，更何况为官处世为自保有时不免强己所难……思之不免惆怅，起身信步，恰见置于小桌之罗盘，随手拨弄，见其勺柄经由其转，却始终如一，指向一方。

曼生感叹，罗盘虽如铜勺，表面圆通，却坚持己见，曲直合一乃为人之道也。遂以罗盘为原型，绘壶以省之，名曰"周盘"，此壶圆润而不失刚劲，周盘暗蕴太极，有形而无穷，或曰大视野，宽胸怀，任凭大风大浪，我自巍然不动。坡颈平口，平盖扁钮，泥质红润，遒劲中出媚姿，纵横中见遗韵，肃然绝俗。寓意为人处世，宽容大度，能屈能伸。其境界有如将白云、清风与归，远引若至，临之已非。诵之思之，其声愈希。拥壶自省，以净其身。相逢重大抉择，执周盘品清茶，三思而后行，方能至方至圆。

鹧鸪提梁

提梁壶的造型为扁圆形壶身，把手为见棱见方的三柱高提梁，从侧面望去犹如一只飞翔着的鸟儿的头部，原创者顾景舟大师为其命名"鹧鸪提梁壶"。

华径壶

因鹧鸪这种鸟的叫声听起来就像是"行不得也，哥哥"，故古人多在忆悼哀思时选用鹧鸪做词牌，在"鹧鸪提梁壶"的底上顾景舟先生留下了这样的刻款："癸亥春，为治老妻痼疾就医沪上，寄寓淮海中学，百无聊中抟作数壶，以纪命途坎坷也。景舟记，时年六十有九。"顾老晚婚，需五十才与比他小十一岁的徐义宝结婚，仅共同生活了不到二十年，徐患鼻咽癌，越过这个鬼门关几乎无望，顾景舟预感到妻子此病的凶险，仿佛听到了鹧鸪"行不得也，哥哥"的凄惶叫声，从而在这只外形仿鹧鸪鸟的壶身上寄托自己的凄血哀号。

清代陈子畦盘螭龙把大壶

华颖壶

此壶是顾景舟先生根据传统壶体演变所创作品，名为华颖。在古字中没有"花"字，"花"为后世字，故而古时"花"亦用"华"代之，华颖的"华"意为"花"，华颖所表达的意境为：招展的花意。

王寅春玉兰花壶

作品摘手圆、盖圆、壶身圆、三圆垒叠在圆壶底上，分外精神，遥望犹如花苞初绽。从"掇球"变形而来。

文旦壶

文旦壶创于明末清初，形与西施壶、贵妃壶相近，后两者为清中末后所创，重玲珑娇秀，前者则重古拙，这也与当时艺术审美注重相关，"文旦"文字释义为："文"指柔和、外表、容态；"旦"指戏曲中扮演女性的角色。文旦壶曾有一老壶铭："何必凤凰夸御茗，浣女词前落日尘，松竹开三迳，花落鸟啼水自流。"亦有书记载：文旦"果之美味，江浦之橘，云梦之柚。"

73

清初文远款梨形壶

那么由此可知，文旦壶在这里的创意又似乎是水果柚的仿生器。文旦柚，金黄色，食之清甜甘酸，金黄色本身就是一种艳丽的颜色，而那成熟的果实清甜甘酸的滋味，就像女人的情感，含蓄而绵长。在这里，一把紫砂壶的仿生态，也充分体现了古代女性化的柔美与雅丽。现文旦、西施、贵妃变化很多，每个陶手都以自己的方法在演绎而成，高矮肥瘦，自然壶名也让人有点难以分辨。

清代文人吴梅鼎曾经称赞文旦壶说："至于摹形象体，殚精毕异；韵敌美人（美人肩），格高西子（西施乳）。"是啊，在文人的眼中，文旦壶的韵味风格堪比美人之肩，柔若无骨；又似西施那动人的曲线，丰神绰约，俊俏天成。

容天壶

取材源于佛教中的大肚罗汉，取名源于"大肚能容天下事"。中国工艺美术大师吕尧臣首创，早期作品壶形偏低，后来壶形较高。要体现此壶的气韵的确很难，需要做壶之人用心体会。在气韵饱满的壶身上添加一微微矮颈，壶盖增高成半球状，平添拙朴童趣。出水效果极佳，用起来确实方便舒适。视觉上稳重大度，在质朴中见深厚。

相传在唐末五代时，浙江奉化有个名叫契此的和尚，号为长汀子，他身材短胖，言语无定，随处坐卧，经常背一布袋入市，四处化缘，见物则乞，人称布袋和尚。据说他能示人凶吉祸福，而且非常灵验。在临终之前，曾说一偈：弥勒真弥勒，分身千百亿，时时示时人，时人自不识。后来人们就把他作为弥勒菩萨的化身，先是在江浙一带，民间都画他的图像供奉，后又在寺院塑其形象，这就是现在寺院中大肚弥勒像的由来。契此和尚圆寂于后梁贞明三年（公元 917 年），因此将其形象作为弥勒菩萨供奉，当是宋代以后的事情。杭州灵隐寺飞来峰有大肚弥勒造像，是飞来峰最大的一龛佛像，南宋造像。

大彬提梁

在今天的玩壶人看来，高 20.5 厘米，口径 9.4 厘米的大彬提梁实在是一把大壶，可是在明末清初的时候，尚属小物。时大彬最大的贡献之一就是器型上"改大为小"和"改俗为雅"，奠定了紫砂壶基本的审美倾向，使紫砂壶能进入文人生活，成为文房清玩，提升了紫砂壶的文化内涵。这也让时大彬成为紫砂宗源上的第一座高山，让无数后人仰止。

粗看很不起眼！大彬提梁身筒成较大且丰满的扁球形，上部圆环状提梁粗大，六方三弯嘴，六瓣平扣钮，压盖，圈底，溜肩，素身。

再看耐人寻味！身筒以实托虚，圆环以虚带实，上下两个圆弧构成的虚实对照，达到了视觉上的微妙平衡，整体上让人感觉气势雄健，浑然一体。所谓"周接四海之表，浮于元气之上"。

三看惊为天物！大彬提梁如佛趺坐，清风朗朗。《梦溪笔谈》中说："星辰居四方而中虚，八卦分八方而中虚，不中虚不足以妙万物"。虚实结合犹如画中留白，园林借景，疏可走马，密不透风。这种古典美学的神奇光彩，闪耀在小说、绘画、书法、戏剧、建筑等传统艺术的各个领域。

瓦当壶

模仿古代器物，是紫砂壶的造型来源之一，瓦当壶为仿汉代瓦当式样，

高灯壶

东坡提梁壶

造型独特，一般壶体呈瓦当状，造型以几何线条为主，成型规范有致，线条流畅准确，壶身多有铭文。秦砖汉瓦为名贵之古玩，清代中叶以来犹受文人推崇。瓦当壶再配以名家之壶铭，意境更加古补，格调幽雅。最著名的为陈曼生的瓦当壶，做工挺括，壶体正面刻行书"不求其全，乃能延年，饮之甘泉"，实为紫砂壶中难得的精品，也是文人参与合作制壶的典范。

清代延年半瓦壶

合欢壶

也是曼生之所爱，壶铭曰："试阳羡茶、煮合江水，坡仙之徒、皆大欢喜"。阐释了"合欢"之义：若是东坡的门徒，三五知己，无酒有茶，品茗谈天，足矣。

曼生在溧阳为官，上任伊始，便遇到运送"白芽"贡茶上京之重任。曼生召集故友亲朋，全力以赴，因白芽乃是每年皇家钦点的名贵贡茶，须在清明之前作为十纲贡品茶中第一纲运至京城。曼生不敢怠慢，征集、挑选、包装，命人昼夜兼程，送往京城。终如期而至，龙颜大悦。消息传来，曼生及其幕客好友皆欣喜。曼生设宴以贺。席间，曼生一时兴起，挥毫泼墨，写下"八饼头纲，为鸾为凤，得雌者昌"之墨宝。好友郭通提议，何不造壶以载此喜，曼生喜不自禁。席间鼓乐欢天，乐手执大镲卖力敲击，声音洪亮悦耳，曼生乃性情中人，下席亲自手持大镲用力合敲，欢喜之情溢于言表。大镲凹凸有致，合则响，合而美。曼生有感于大镲分分合合，奏响人间欢乐，遂以合镲为样，合欢为名，设计出合欢壶，以朱泥造之，通体大红，富含吉祥与幸福之意。此壶极富天趣，取皆大欢喜之意，适用于节庆、祝福聚会之场合以添乐趣。

此壶乃曼生喜极而制，故此壶风格绮丽，所谓雾余水畔，红杏在林。典美精工，余味无穷。拥此壶而品茗，必逢喜悦之事。捧壶把玩，有如重回当年曼生呼朋唤友鼓乐欢天之场景，喜不自禁由壶传。

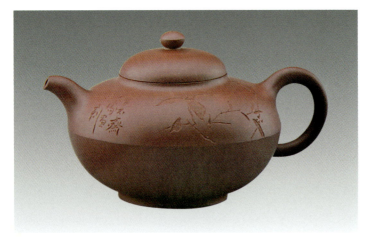

合欢壶

汉铎壶

汉铎，即汉朝之铎。《说文》中对铎的解释是："铎，大铃也。"它是器物的名称。具体地说形状有些像甬钟，但体积小。梅调鼎 (1839—1906 年) 字友竹，号赧翁，慈溪人，长期在慈城居住。有人称赞他是清代书法家中成就最高的一位。其为之作铭的汉铎壶可算是目前在紫砂历史上最具研究价值的汉铎壶了。此壶壶身题正楷"汉铎"二字，下刻行书："以汉之铎，为今之壶，土既代金，茶当呼茶。"有诗曰："人间珠玉安足取，岂如阳羡溪头一丸土。"暗喻了梅先生自己虽终身为布衣，以卖字谋生，却是重节操的一方名士。

铎为方彤，顶卜有一个短柄，腔内有舌，可摇击发声。舌有铜、木两种，铜舌者称金铎，木舌者称木铎。

"铎"除了作为乐器以外，其作用从历史上各种古籍的记载中归纳来大概有两方面："文事奋木铎，武事奋金铎。"

文事奋木铎——和平时期的文化宣传。

在古代，天子为了了解民间的社会风气、人民的生活状况，每到春天会派专人到各处采集民间的诗歌，这种行为也就是现在所说的"采风"，归纳总结后报告给朝廷加以考察。同时铎的声音洪亮，而且传得很远，也有使天下皆达道的喻义。这里铎的木舌可比作教师的教化之舌。

武事奋金铎——战争时期的司令工具。

古时的军事长官曾挥舞旗帜召集村民，在田野练习布阵和战法，了解击鼓鸣金等军事号令。每隔三年，则举行更大规模的集体军事训练。我们看古代打仗的小说，经常有鸣金收兵一词，鸣金即鸣铎，就是摇大铃铛。宝铎含风，响出天外。随着社会的发展，以后铎的作用更主要集中于乐器和建筑装饰了。目前我们能经常见到的就是古建筑四角的铎铃装饰。

顾景舟汉铎壶

洋桶壶

紫砂洋桶壶是紫砂茗壶名种里较为常见的一种款式，亦是一种茶壶款式的专用名称。紫砂洋桶壶自清末民初创制以来，以其造型简练，使用方便，适宜把玩，便于提携，便于茗泡而一度盛行，并为大多数茗壶爱好者接受，嗜好、收藏而成为紫砂光货素器类经典传统作品之一。俞国良、汪宝根、储铭、顾景舟、何道洪等艺人，无不为紫砂洋桶壶的流行发展作出了较大的贡献。

牛盖洋桶壶

匏尊壶

《说文》："从包从瓠。包，取其可包藏物也。""瓠"（hù），葫芦，一种圆大而扁的葫芦，即匏瓜。匏尊：以干匏制成的酒器。苏东坡《前赤壁赋》："驾一叶之扁舟，举匏尊以相属。" 一代大文豪苏东坡的黄州生活和"匏尊"的命运，何其相似？匏尊是匏瓜做的饮具。匏瓜不供食仅于做水瓢，俗称"葫芦瓢"，也在古代用作男人无妻的象征。由此引喻人不受重用，不得出仕，或久任微职，不得升迁。匏有苦叶，孤独无助，苦啊！

苏翁岂止孤独无助、不受重用，还蒙冤入狱，险些掉了脑袋。他从监狱出来，以一个流放罪犯的狼狈，出汴梁，过河南，渡淮河，抵黄州，住进一座寺庙，环顾四周一片寂静，举目远近无一个亲戚，连一个朋友也没有。孤单得像匏尊，凄楚得似匏瓜。这时他喝水、饮酒，用的也只有那匏瓜做的匏尊。匏尊，难以登堂入室的民用品，在这时走进了苏翁的生活，化入了他的辞赋。匏瓜帮助苏东坡度过了那段苦涩的日子，苏东坡也成就了"匏尊"的千载诗话。

匏瓜成熟才可作匏尊。凄苦生活在黄州的苏东坡，他从"乌台诗狱"的灾难中成熟了。他成熟在穷乡僻壤的黄州，成熟于无亲无友的匏尊旁，他成熟的象征，就是那《念奴娇·赤壁怀古》和前、后《赤壁赋》。匏尊和辞赋一同向今天走来。

苏东坡心中匏尊的命运和他自己多么相像、多么和谐，孤寂沉静，且又有成熟后的厚实圆润。紫砂"匏尊"壶的形象，创意来自这种有苦意的匏瓜。陈曼生设计的十八式中有四款壶是有关匏瓜的，经典的"匏尊"壶，就是他"匏壶"的升华。看来陈曼生也是读懂了苏翁的"匏尊"和他在黄州的艰辛生活与辞赋创作，不然如何解释他四分之一的创意都来自有苦意的匏瓜。

民国裴石民登科壶

思亭壶

线钵壶

在朱泥壶中，惠孟臣、惠逸公、陆思亭诸家原皆为清代制壶好手。

早期的思亭壶，壶嘴曲度较小，流口简练，以竹刀落款于盖口墙沿，笔致尚称工整；年代稍晚些的思亭壶，风格柔美，曲线明显，流口较尖，署款则各式皆备，有竹刀写刻，也有钢刀双钩刻，罕见钤印者。思亭壶式以其俊秀高雅，留名于朱泥陶史。闽南俗谚："一无名，二思亭，三孟臣，四逸公。"思亭排名优于孟臣，有可能是思亭壶式俊挺，伫立茶船之中，有若蛟龙昂首，气韵出众。

扁腹壶

扁腹壶，或者叫扁仿鼓壶，因壶身矮、壶口大而得名。日本奥兰田君对壶之理趣有此论述："知理而不趣者，独取小与直，而不取大与直。知理又知趣者，不论大小曲直，择其善者皆取之。知理而不知趣，是为下乘，知理知趣是为上乘。"此壶理趣兼得，当属上乘无疑。理，此壶身浅且口大，宜泡绿茶，一弯流出水条索长且涎水。壶把端拿，甚是轻巧，亦感舒适，平衡点恰到好处。趣，整体协调、对称，且节奏感强烈。若俯视，钮盖、肩、腹五个圆圈，如涟漪荡漾，十分悦目。盖边线略强于口线，正合国人天盖地之理念。壶盖倒置亦无倾斜之虑，也是一趣。此壶泥佳、工精、造型美、难度大，宜用宜赏，内涵深，回味长，实乃上乘中之经典之作。

顾景舟汉扁壶

汉瓦壶

汉瓦属于圆器当中的一种，历来多位艺人都有仿制此种款型，而之前杨彭年的一款汉瓦壶却给人留下深刻印象，是圆筒形壶体，上侈下教，短流势较直。盖平略见弧，桥式钮，钮面阴刻海棠纹样。泥质坚结，砂色暗红。壶盖子口制作圆而不规，转捻即紧，拈钮可以翕起全壶。壶身镌楷书偈语："放下屠刀否，心莲顷刻开，三千今世界，开眼见如来。"署名"金冬心意门"。又刻坐佛一尊，落款"两峯居士罗聘画"。盖面刻行书"蕉雪子摹、己卯冬月作"凡九字。底钤阳文篆书"杨彭年造"方印。

清末汉君壶

葫芦壶

葫芦壶是曼生十八式中的一款，深得艺人们的喜爱，更是玩家的收藏佳品，时下最珍藏的便是杨彭年制的套环钮葫芦壶，这款壶器身洒冷金斑，壶体设计新颖。造型呈葫芦状，壶流短直而微向上翘，把成半环形，盖顶设有套环钮装饰。整器形制的线条以浑圆为主，十分流

清晚期曼生葫芦壶

畅。壶腹阴刻行书铭文："为惠施，为张苍，取满腹，无湖江。"署"曼生铭"。把梢下有"彭年"方印，壶底钤"阿曼陀室"方印。此乃陈曼生、杨彭年两人默契配合所制之壶，可谓珠联璧合，"壶依字传，字随壶贵"。

美人肩壶

美人肩紫砂壶宛如古代女子端庄可爱，带点宫廷的雍容华贵，又不失大家闺秀般的妖娆。造型饱满，大方得体，以体现圆润的壶身为主，壶盖与壶

紫砂高身壶

身仿佛合为一体，没有空隙，用手抚摸上去，能感受到它的温暖。

美人肩作为传统器型是由清代的老作品演化而来，是一款经典器型，同一种器型在不同的工艺师手里能够表现出不同的神韵与气韵来，以古代美人的肩线及丰腴美妙的曲线，幻化出动人心弦的壶形；此壶制作上最难之处，在于用全手工打出柔顺怡人的线条，及盖面和壶身的过渡，与流畅无碍的长三弯流，故由古至今皆被陶家视为最难掌握的造型品种之一。

柱础壶

柱础也是曼生设计的一种壶款之一，其造型稳重而大方，这也是因为他的造型来源于古代使用十分普遍的柱础。

柱础，是用来承受房屋立柱压力的一块奠基石，在古代，古人为了不让木制的立柱受潮湿而腐烂，于是在木柱的底下垫一块石墩，使柱脚与地隔离开，起到了相对防潮的作用。只要是木架的房屋每一根柱子都有一个柱础，缺一不可，在防腐烂的同时又加强了柱基的承压力，所以古代人们对础石是十分重视的。随着年代的推移，柱础也因需求发生变化，柱础渐渐成为柱子的收头，使得单调的柱身发生视觉上的变化，后期更是在柱础上使用雕刻艺术，使得民间的建筑花样繁多，后人更是将柱础演变成具有审美功能的装饰，成为艺术品。

以柱础为壶型，使壶显得别致且优美，更显示其稳重，此壶型亦一直流传下来。

圆础壶

一粒珠壶

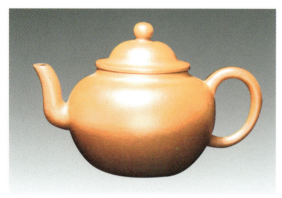

清代宝珠利记壶

一粒珠造型古朴，古韵盎然，庄重又不乏新意，典雅大气又不失阳刚之气，造型惹人喜爱。

一粒珠如西瓜的壶型，可以使人清心安静，来洗涤尘间烦躁的心情，原因在于有句话如是说：若瓜时，辄偃卧以瓜镇心。但一粒珠的造型又如同一颗珍珠般珠圆玉润，饱满而剔透，壶身一大珠，壶钮一小珠，如同"母子珠"般形影不离。然无论哪种造型，一粒珠大度豁达的造型以及其细腻精致都是一样的。

所谓"茶禅一味"，品茗需要平心静气，一粒珠带来的高雅意境能给人一种安和的心情。

一粒珠式紫砂壶款型由来已久，形制上对壶的整体性要求比较严格，要求整器有饱满的力度和整合的视觉观感。壶体滚圆状，无颈，流嘴略弯，口盖为嵌入式，小圆珠钮，为传统曼生十八式造型，俗称"一粒珠"，浑圆可喜。

匏瓜壶

匏瓜壶是曼生十八式之一，与曼生葫芦有异曲同工之妙，然其独特之处亦是其他造型无可比拟的，把玩此壶有返璞归真之意，此壶最初用意是以解相思之苦。

陈曼生箬笠壶

曼生为官之后，因为清朝相关制度规定有些官员是不可以带家眷在身边的，所以曼生只能与妻分隔两地，无法长相厮守，因为曼生爱壶成痴，便想到以壶寄相思情，然不管怎么设计都没有一把让自己中意的。有一次他无意中读到曹植《洛阳赋》中的一句话："叹匏瓜之无匹兮，咏牵牛只独勤"，被其中的匏瓜吸引，仔细研究得之。这是葫芦的变种，又叫瓢葫芦，更有意思的是，在古代匏瓜是男子无妻独处的象征，这正与此时曼生的处境极为相符，于是找来一匏瓜日日观察创作出此款匏瓜壶。

曼生寄情于物，表达了对妻子的思念，因而紫砂壶也是世人情感的一种寄托。

孟臣壶

惠孟臣水呈

紫砂壶中的微小紫砂壶，为冲泡"功夫茶"的茶壶名。广东潮州、汕头，福建厦门、漳州、泉州一带喜欢"功夫茶"，茶叶独取乌龙，冲泡方法也有诸多讲究：所用茶叶大不盈握，壶底刻有"孟臣"的铭记。孟臣壶名源自明代宜兴陶艺师惠孟臣制作的紫砂小壶，因其造型精美，别开生面，且落款"孟臣"，故而得名。

汤婆壶

"汤婆"原为盛热水放在被中取暖用的扁圆形壶，一般是用铜锡或陶瓷等制成。清·赵翼记载："今人用铜锡器盛汤，置衾中暖脚，谓之汤婆子。"

器型古拙有明季遗风，壶型简到极致，古朴超越一切，实用性极强。壶身饱满，壶壁挺秀，端庄古朴。看似纯实用的茶器却蕴生出美学上的高点。反而使观赏者的摹古之情油然而生。

清中期白泥参汤壶

第六章

紫砂壶的收藏

姚泽民讲紫砂壶

· 紫砂壶的收藏 ·

一、模具壶与手工壶的分辨方法

紫砂壶目前都是手工制作，即便借助模具，也得手工操作。这里讲的手工壶，是指制作过程基本上不借助模具的紫砂壶。为什么紫砂壶收藏爱好者如此追崇全手工呢？因为只有全手工才能独一无二，同时也会具有一定的艺术价值。

一般情况下，光的圆器是不需要借助模具的，花货、方器是否能全手工成型要看具体器形，而筋囊器大都需要依靠模具才能做到各部分一致。所以，并不是各种紫砂壶都是可以全手工完成的，准确地说， 我们所谓的全手工壶应该是指——只要能够手工成型就不借助模具制作出来的紫砂壶。

模具壶是指可以手工完成却借助各种成型模具而取巧制作的紫砂壶。模

明代直嘴圆壶

具壶基本上都是商品壶，不具备收藏价值。模具壶又分为全模具和半模具，两者的区别主要是模具成型后，手工进行再修饰的成分有多大。

由于手工壶的价格要大大高于模具壶，所以现在有一批无良壶手会把模具壶上的模线修掉，再用脂泥制造一些手工的假象，从而蒙骗壶友。区分模具壶与手工壶主要有以下几点：

第一，看接口。第一个接口位置在盖墙的连接处，也就是脖子内部的满片接痕，宜兴人管它叫凸子；第二个接口看壶身内部，手工壶的壶身只有一处接口，通常在壶的把处，且接口在壶内。而模具壶是前后两片接拢，所以在壶嘴处也有一处接痕。用手指在壶内转动，接缝处凸出感很明显。在一把壶的壶身的壶嘴下和把手处都有接缝，一般来说这把壶就是模具壶了。不过，现在模具壶流处的接线几乎都做掉了，因为这样就可以忽悠许多初涉紫砂壶的新手。

第二，看手感。用手指在壶内从下往上轻抚，如果坑洼不平，大抵是模

大僧帽壶

具壶，因为模具壶需要"搪"，而手工壶的内壁较光滑，没有明显的凹凸；灌浆壶的内壁层次明显，感觉整体往下淌，更容易看出来。

第三，看壶底的成型。若不是一捺底，壶底和壶身的连接也会有明显的接缝，而模具壶则没有。

第四，看壶身。手工壶左右两半总有些不匀称（毕竟是手工拍制），而模具壶身一般很周正。

第五，看壶内侧的条纹。初学者一般很难识别，需要累积一定的经验。

民国段泥汉君壶

二、收藏级别的紫砂壶应在实用性、工艺性和艺术性三个方面高度统一

"壶身周正匀称，口盖配合得当，流、把、钮处于同一轴线且端正不偏斜，明接要干净利落，暗接要和顺流畅……"这些基本已成为选壶的通则，然而尚有以下细节是购壶者必须留意的。

（1）有些壶盖的子口（盖墙的泥圈）高度，通常在10毫米左右，倒茶时常有落盖之忧。因此，应以大于15毫米最适宜。有些口盖较大的壶型，子口高度可增至18~20毫米。壶盖子口的泥圈厚度通常为1毫米左右，有些艺人为显其制作功力，将子口做得太薄（薄胎壶除外），在使用过程中很容易被磕碰坏。因此，子口的泥圈厚度应以1.5毫米左右为宜，有些口盖大的壶型，子口的泥圈厚度则可增至1.8毫米。

壶盖（座片）的边缘和壶口（坨子）的内、外边缘，要做成倒角或圆角，使边缘线条钝化。否则，较锐的边缘，极易在使用过程中造成或大或小的缺口，从而影响壶的品相。要选择不容易积垢、易于清洁的壶盖形状（花货和特殊壶型除外），以有利于日常擦洗和泡养时脸面的清爽。壶盖上的钮，也称的子，

其大小和形状要便于拿捏。有些壶型没有的子，则更应注意壶盖的拿捏方式，特别在泡茶时，壶盖会非常烫手，容易导致壶盖落地。

（2）紫砂壶的胎体厚度，应以厚实者为佳，一般应大于 3 毫米。这样，既可体现出紫砂茗壶古朴雅拙的厚重感，又可使壶体具有足够抵御不测外力的伤害，以确保"长命百岁"。

流的根部位置在一定程度上会影响到壶的出水，流的根部位置若接近壶底，则水压充足，出水有力，并可减少倒水时壶盖部茶水溢出；流的根部位置若接近壶口，则水压欠缺，使倒水时壶身倾角增大，不仅壶盖部容易溢水，而且壶盖也易掉落。此外，流管内还要干净平滑。壶的嘴型以粗、短、厚为佳，尖、长、薄的壶嘴容易受伤损坏。

壶的出水孔常见的有独孔、球孔和网孔。其中，网孔最佳，独孔倒茶水时拦不住茶叶，而球孔则有碍壶内的清洁工作。网孔的孔径以不小于 3 毫米为宜，且小孔分布要均匀，网孔区域的中心应与壶嘴的中心线对齐。否则，出水时会出现水流偏斜、泛花等现象。

一把上佳好壶，其壶底和内壁是否处理得干净平整、有无残留泥点和泥块（俗称推墙刮底），是衡量一个陶艺高手功力的重要标准。

（3）购壶者还可用手把壶提起来，看看是否好握，壶的重心能否掌握得住；然后仔细观察全壶，看看是否有破裂、瑕疵之处，可用轻敲壶听声音的办法来判定是否有破裂；最后可用鼻嗅闻壶腔，应无任何败味和其他异味。有些壶略带土味，尚可以使用，新壶最忌以油或金属色素涂染，虽然外表看起来有古壶的苍然，但有损饮茶人的健康，千万购不得。

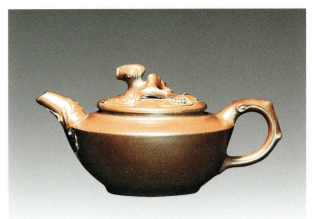

民国朱可心碗灯壶

华凤翔炉钧釉紫砂壶方壶

何道洪五竹壶

第七章

紫砂壶的投资

姚泽民讲紫砂壶

·紫砂壶的投资·

紫砂茗壶以完善的功能美、主体造型的视觉美而深受人们喜爱，其关键在附件与主体的配置，壶口、壶盖的配置，壶嘴（流）的形制式样，底足结构的处理，壶钮（的子）的大小比例，壶把端握舒适程度等。因此，合理的结构，完美无缺的紫砂艺术效果，才能构成紫砂茗壶的特殊造型语言，使其百看不厌。

宜兴紫砂壶起于明，兴于清，繁荣于现代，它规矩的壶身盛载着数百年来的文化底蕴。从具有时代气息的壶嘴里倒出的是古今交融的中华民族精神，这就是它的真正的文化内涵。在过去的三年，紫砂壶价格的涨幅已经超过了十倍，著名工艺美术大师一年只做几把壶，名家壶已炒成天价。出自名家的紫砂壶通常是普通买家趋之若鹜的，但个人认为除非用于投资，

清早期外销壶　　　　　　　　　　顾景舟牛盖莲子壶

其实壶的作用就是泡茶，几十万上百万的紫砂壶通常是不舍得拿出来用的，人生在世就像茶壶一样，泡出的茶香才是人生的滋味。

紫砂壶的市场认可度与日俱增，藏家对壶的要求也越来越高，上千元的紫砂壶逐渐被人普遍接受。随着中高端壶的价格因为供求关系趋紧出现上涨，低端壶的价格也水涨船高。随着上一代工艺大师逐渐老去，优质紫砂壶的数量正在减少，市场需求越来越大也会导致价格上涨。

来自市内部分紫砂壶交易商家的信息显示，随着买家渐增、泥料越发珍贵等趋势，紫砂壶的市场价也正如春后转暖的气温节节攀升，价值5000元左右的"潜力股"更被买家热捧。

那么，怎样才能选到货真价实的艺术品？行家称应注意以下几点：

（1）职称、名气、证书类。一些紫砂壶的工艺师通过一些所谓的职称，来抬高紫砂壶的价格。例如，一个紫砂壶的作者，看起来职称挺高，但细一打听，他的职称评选并非在宜兴本地，而是在一个北方的偏远城市。还有一些机构聘用高级美术师，这种所谓的职称并不等同于国家职称。

（2）代工壶。一些名家做不过来，找人代劳。因为好的紫砂壶工艺师一

清代粉彩开光诗文大壶

民国朱可心龙把高瓜壶

个月通常只能做四五把壶，冬天还有两个月无法开工，再加上壶的破损率，一年做出 40 把就不错了。可现在一些名家，一出手就带出 200 把紫砂壶。而代工壶和考试的枪手不同，枪手的水平都是高过雇主的，而做紫砂壶的代工手艺肯定是不如本人的。最后，吃亏的就是购买代工壶的人。

（3）假壶卖真价。所以，不能看紫砂壶的价格高，就一定认定壶假不了。

周桂珍北瓜提梁壶

清代邵景南大莲子壶

（4）所谓的获奖壶，这是由近年来的会展经济带动起来的。因为，收藏者购买的壶不一定就是那次展会上获奖的那把壶；而且一些会展评奖中含有

王寅春菊瓣壶

顾景舟汉风古韵壶

水分。因此，投资者购买要理性、慎重。

（5）以概念吸引人的炒作壶，其中存在广告效应，偏离了壶本身的价值；另外，一些造型过于怪异的时髦壶，投资者也要慎重。

（6）买紫砂壶不能只看款儿，现在假的印章也不少。

（7）最好不要购买200元以下的促销品，搞不好，那根本不是用紫砂来做的茶壶。朱泥本山绿泥壶500元以下的大多不是真品。

（8）如想跨入收藏行列，买家首先应花时间，学习紫砂的一些基本知识。如：天然紫砂泥质有红泥，或称朱砂泥、紫泥和调砂泥等。只有用纯正宜兴紫砂泥做出来的壶才具有使用、投资和收藏价值。

谢曼伦竹段提梁壶

（9）要学会收藏精品、真品。衡量紫砂壶收藏价值之高低，关键是艺术价值，也就是说，紫砂壶并非越老价值越高。此外，紫砂的材质、颜色等也是决定其价位高低的要因，而名人留在壶上的印章、纹理（即山水画、茶铭）则是提升其附加值的砝码。

此外，据尚普咨询发布的《2012—2016 年中国茶壶市场调查报告》显示，紫砂壶收藏市场仍然火爆，但大多数收藏者持有的紫砂壶都不具有收藏价值。分析师认为，收藏者在选择紫砂壶时应该谨慎选择。首先应该选择由纯紫砂制作的紫砂壶，其次，要选择名师所做的手工作品，最后，还要注意用专业的方法对紫砂壶进行日常保养。如果收藏者能够做到这三点，那么手中的紫砂壶一定会随着时间的增加而愈加珍贵。

第八章

紫砂壶与茶

姚泽民讲紫砂壶

· 紫砂壶与茶 ·

　　我国产陶之地不少，除宜兴之外，还有山东的淄博、湖南的铜官、广东的佛山等地。宜兴与别的产陶区不同，它还是产茶名区。产陶的地方不一定产茶，产茶的地方也不一定产陶，而宜兴却两者皆产。这就有了作为陶门类中的紫砂陶与茶事结缘，并能发扬其优点的广阔的文化背景。可以说，没有茶事的兴盛，紫砂陶也许至今都会默默无闻。因此，茶文化是紫砂文化中不可或缺的篇章。

　　我国是茶的故乡，饮茶历史悠久，根据唐代陆羽《茶经》的记载："茶之为饮，发乎神农氏，闻于鲁周公。"传说"神农尝百草，日遇七十二毒，得茶而解之。"茶起始是作为药用的，到汉代，饮茶风气渐盛，因为人们发现"苦茶（荼）久服，可以益思"，"止渴除疫，贵哉茶也"。宜兴（古城阳羡）

许成权竹节茶具

清茶叶罐

是我国产茶名区之一，自古以来名茶层出不穷，如"阳羡茶""晋陵紫笋""顾渚紫笋"等。饮茶之风，盛于唐，兴于宋。唐代盛行烹茶，宋代流行点茶，所以当时用茶多为饼茶，制作过程十分复杂。茶的饮用方式制约茶器具的发展，因此茶器具的形制、质地与构成必然反映时代特征和差异。唐宋及以前，茶器具的使用多为陶瓷茶具与金属茶具，达官贵人甚至盛行用金、银、铜制茶具，这里一方面反映了当时的社会经济生产力，表现了豪门竞奢的社会风尚；另一方面也体现了茶器具生产发展的进步以及茶器具在茶文化中的重要地位。

　　茶器具的存在，是为了完成饮茶过程的礼仪风尚。用器的过程，即是茶的品饮过程，同时也是领受茶文化精神、内心深省民族传统意识的过程。唐宋时代繁复的茶器具，不但把中国的茶文化发展引向鼎盛，同时也不可避免地把中国茶的文化内涵推进狭窄的胡同。这样，从茶的品饮方式到茶器具的发展，也将面临一个巨大的演变，中国茶文化原精神又将得到新的飞跃。

茶事中使用紫砂的记述可见于蔡司沾《霁园丛话》所记："余于白下获一紫砂罐（古时壶亦称为罐），有'且吃茶清隐'草书五字，知为孙高士遗物。每以泡茶，古雅绝伦。"孙高士即孙道明，号清隐，元代人，曾以其居名"且吃茶处"。

清早期满彩六方壶

　　紫砂产于宜兴。宜兴周代称为荆邑，秦王政二十六年（公元前 221 年），改名阳羡。西晋阳羡名将周处的长子周玘，三兴义兵，晋怀帝为表彰其功，改阳羡为义兴。宋太宗太平兴国元年（公元 976 年）时，为避太宗赵光义讳，改称宜兴迄今沿用。宜兴所做茶器具的原料是当地独有的紫泥、本山绿泥、红泥三种，统称为紫砂泥。用紫砂泥制作的茶具也叫做紫砂器。紫砂器的创始，有文字的记载，始见北宋诗人梅尧臣的诗句："小石冷泉留早味，紫泥新品泛春华"（《宛陵集》）。其次，欧阳修也有"喜共紫瓯吟且酌，羡君潇洒有余清"的诗句（《欧阳文忠公集》）。虽然这里提到的"紫泥新品""紫瓯"不是后来意义的紫砂器，但是在 1976 年，宜兴丁蜀镇羊角山古窑址发掘出大量紫砂陶片，其断代时间为北宋中期，这也是紫砂器始于北宋时期的佐证。

　　初期的紫砂，出自何人之手，已不可考。但紫砂器真正兴起在明代中期，这些不但有实物遗存，而且还有较可靠的文字记载。在中国古代茶书中，对紫砂器的记载始见于明朝许次纾的《茶疏》："往时龚（供）春茶壶，近日时大彬所制，大为时人宝惜。盖皆以粗砂制之，正取砂无土气耳。随手所作，颇极精之。"其后，在各时期的茶书中对紫砂器的专门描述和记载陆续增多，并有系统阐述紫砂器的专著问世，明代周高起《阳羡名壶系》和清代吴骞《阳羡名陶录》是其中最著名的两种。

　　紫砂器兴起于宜兴不是偶然的，它是中国茶文化大环境陶冶下的突出成果，同时也是中国茶文化发展变革的必然产物。据考古表明，自母系氏族社会起，宜兴就有制陶业存世，并一直延续到唐、宋、元、明时期的大规模生产。明代初期，平民出身的明太祖朱元璋鉴于连年战乱、泰世初平，为体恤民情、减轻贡役出发，下诏废除团茶，改制叶茶（散茶）。朱元璋的这一措施不但减轻了广大茶农为造团茶所付出的繁重苦役，也带动了整个茶文化系统的演

裴石民五蝠蟠桃壶

变，茶的品饮方式发生根本变化，手撮茶叶、用壶冲饮，替代烹煎方式，由于茶具有了用作案几陈设品的可能，茶事开始讲究器具。品茗本是生活中的物质享受，茶具的配合却蕴含了人们对形体审美和对理趣的感受。紫砂器造型形态完美、装饰纹样适合、内容健康向上，制作技巧精湛，且与诗书画及金石篆刻结合，雅俗共赏，使人把玩不厌，正好满足了茶文化时代变革的需要。也就是说，紫砂器受到人们珍视，在于它具有与品饮散茶相适应的物理特性和实用的艺术价值。近人南海"百壶山馆"主人李景康和顺德"碧山壶馆"主人张虹在其合著的《阳羡砂壶图考》中总结了紫砂器的这一独有特性："茗壶为日用必需之品，阳羡砂制，端宜论茗，无铜锡之败味，无金银之奢靡，而善蕴茗香，适于实用，一也。名工代出，探古索奇，或仿商周，或摹汉魏，旁及花果，偶肖动物，或匠心独运，韵致怡人，几案陈之，令人意远，二也。历代文人或撰壶铭，或书款识，或镌以花卉，或锓以印章，托物寓意，每见巧思，书法不群，别饶韵格，虽景德名瓷价逾钜万，然每出以匠工之手，响鲜文翰习观，乏斯雅趣也。"紫砂器的蕴香特征，至今没有任何物品能够替代。它的外形艺术创作，也至今不衰，仍然保持着蓬勃的创造力。

顾景舟云纹肩三足鼎壶

　　中国传统文化对茶饮的渗透，几乎涉及茶文化的各个领域，尤其是各种哲学思想和美学思想的融会，给茶文化注入了蓬勃的生命力。九流十派，百家争鸣，儒道释三家并存，不但深刻影响了中国历史的整个进程，也对茶文化的发展起着原动力的影响。光从陆羽《茶经》汇录的茶史人物来看，也几乎全是儒、道、释三家的代表人物。但在三家思想对茶文化的影响中，又以道家思想影响最大，并在茶文化体系建构中占主导地位，尤以柔静形成茶文化的主体思想特征。明代中期以后，社会矛盾极为复杂，社会问题急趋尖锐，难以解决，促使文化人开始从自己的思想上寻求自我完善和解脱。同时，程朱理学进一步发展，王阳明倡导"心学"，将释家禅宗与道家清静融于儒学之中，形成新儒学，强调个人内心修养。茶文化的柔静思想恰好与这种推崇中庸之道、崇尚平朴自然、提倡内敛喜平的时代思潮不谋而合。表现在对茶器具的追求上，紫砂器的自然古朴形象能够体现时代思潮与茶饮形式的融合。因此，大量文人参与紫砂器的创作活动，推动了士人的购藏风尚，引导了紫砂技艺在艺术典雅情趣上的丰富与提高。

桑叶壶

文人参与紫砂器的制作活动，有着多种形式，除了邀请大家艺匠特别制作外，大多文人是自己亲自设计外形，由艺人按图制作，再自己题刻书画，运用诗书画印相结合的形式，从艺术审美的角度追求紫砂器的外在鉴赏价值。文人对紫砂器创作的参与，

清代范章恩竹鼓诗文壶

同时促进了茶文化与文学的交流，这种交流不是凑合附加，而是气血相容多方面的思想意识的交融。紫砂器外在形制的古朴典雅，凝聚着茶文化深厚自然的气韵，文人在冲泡品饮的意境中寻求到了天地间神逸的心灵感受。

紫砂制作中的艺术化变革，不但扩大了茶文化的思想内涵，而且丰富了茶精神的外延空间。中国茶文化本身追求朴拙高尚的人生态度，但唐宋时期烦琐的茶饮礼仪形式挤掉了茶人的精神思想，留下的只是茶被扭曲的程式形态，喝茶是在"行礼"，品茗是在"玩茶"。而紫砂器的风行，打掉了繁复

的茶饮程式，一壶在手自泡自饮，文人在简单而朴实的品饮中，可以尽心发挥思想，体验紫砂自然的生命气息带给人的温和、敦厚、静穆、端庄、平淡、闲雅的精神韵律。

紫砂器的风行和推广，也带给壶艺以变革。自时大彬起，一反旧制，制作紫砂小壶。周高起在《阳羡茗壶系》中说："壶供真茶，正是新泉活火，旋瀹旋啜，以尽色声香味之蕴，故壶宜小不宜大，宜浅不宜深，壶盖宜盎不宜砥，汤力茗香，俾得团结氤氲。"冯可宾也在《茶笺》中对紫砂小壶的盛行趋势作了说明："茶壶以陶器为上，又以小为贵，每一客，壶一把，任其自斟自饮，方为得趣。壶小则香不涣散，味不耽搁。"紫砂小壶的精巧，带给人的不光是茶的真味，而且融汇着天、地、人、茶的统一意念。

紫砂器是我们中国人的骄傲，在茶文化越加广泛的传播中，紫砂器必然成为中华民族茶文化史上灿烂的明珠。

中华茶饮源远流长，深入人们生活，形成了独特的茶文化。在茶文化的发展进程中，各类饮茶器皿也纷呈不穷，其中与宜兴特产紫砂壶尤其紧密，因紫砂壶泡茶，使用的年代越久，壶身色泽就愈加光润古雅，泡出来的茶汤

朱可心竹段松梅壶

也就越醇郁芳馨，甚至在空壶里注入沸水都会有一股清淡的茶香。根据科学分析，紫砂壶能保持茶的原味，从而让人们可以轻松享受原汁原味的茶。但是，紫砂壶造型、泥料和容量各异，不同的茶用不同的壶来配，会配出不同的口感。

绿茶搭配紫砂壶

绿茶属于不发酵茶，是我国茶叶产量中最多的一类，其产量占我国总产量的 70% 左右，亦是历史上最为悠久的茶类。中国生产绿茶的范围极为广泛，浙江、河南、安徽、江西、江苏、四川、湖南、湖北、广西、福建、贵州为我国的绿茶生产省份。以茶树新梢为原料，经杀青、揉捻、干燥等经典工艺过程制成的茶叶，其干茶色泽和冲泡后的茶汤、叶底以绿色为主调，故名。绿茶的特性，较多地保留下了鲜叶内的天然物质，其中茶多酚、咖啡碱保留鲜叶的85%以上，叶绿素保留50%左右，维生素损失也较少，从而形成了绿茶"清汤绿叶，滋味收敛性强"的特点。最新科学研究结果表明，绿茶中保留的天然成分，对防衰老、防癌、抗癌、杀菌、消炎等均有特殊效果，为其他茶类所不及。

主要花色有：西湖龙井茶、碧螺春、黄山毛峰、庐山云雾、六安瓜片、太平猴魁、顾渚紫笋茶、信阳毛尖茶、竹叶青、恩施玉露、普陀佛茶。

绿茶汤色青嫩，不耐焖，所以要选择符合下列要求的紫砂壶：

泥料：紫泥类、绿泥类、红泥类等所有泥料都可以。

壶型：口盖大，身桶宜矮不宜高。

容量：250ml 及以上。

民国朱可心鱼化龙壶

红茶搭配紫砂壶

红茶与绿茶恰恰相反，是一种全发酵茶（发酵程度大于 80%)。红茶的名字得自其汤色红。红茶在加工过程中发生了化学反应，鲜叶中的化学成分变化较大，茶多酚减少 90% 以上，产生了茶黄素。香气物质从鲜叶中的 50 多种，增至 300 多种，一部分咖啡碱、儿茶素和茶黄素络合成滋味鲜美的络合物，从而形成了红茶、茶汤、红叶和香甜味醇的品质特征。红茶可以帮助胃肠消化、促进食欲，可利尿、消除水肿，并强壮心肌功能。红茶的抗菌力强，用红茶漱口可防滤过性病毒引起的感冒，并预防蛀牙与食物中毒，降低血糖值与高血压。长期饮用红茶也能降低新血管疾病的发生。

我国红茶品种主要有：祁红——产于安徽祁门、至德及江西浮梁等地；滇红——产于云南佛海、顺宁等地；霍红——产于安徽六安、霍山等地；苏红——产于江苏宜兴；越红——产于湖南安化(湖南省安化茶厂)、新化、桃源等地；川红——产于四川宜宾、高县等地；吴红——产于广东英德等地。其中尤以祁门红茶最为著名。世界上红茶的品种很多，产地也很广，除我国以外，印度、斯里兰卡也有类似的红碎茶生产。工夫红茶是我国特有的红茶品种，也是我国传统出口商品。世界的四大名红茶有：祁门红茶、阿萨姆红茶、大吉岭红茶、锡兰高地红茶。

红茶香味悠长，性甘，汤色红浓，可以选择如下条件的紫砂壶：

泥料：紫泥类、红泥类、降坡泥等泥料。

壶型：壶身较高深、窄长的。

容量：200ml 以上均可。

民国范庄农家壶

乌龙茶搭配紫砂壶

乌龙茶亦称青茶、半发酵茶，以本茶的创始人而得名。绿茶和乌龙茶是用一种茶树所生产出来的。最大的差别在于有没有经过发酵这个过程。因为茶叶中的儿茶素会随着发酵温度的升高而相互结合，致使茶的颜色变深，但因此茶的涩味也会减少。这种儿茶素相互结合所形成的成分就是乌龙茶的茶多酚。多酚类和具有抗氧化作用的儿茶素，都能影响何种酵素在我们体内的活性化。茶叶中所含的儿茶素大约有一半会转化为乌龙茶的多酚类。因此，在儿茶素的抗氧化作用和乌龙茶多酚类的双重作用之下，乌龙茶就显现出绿茶所没有的各种功效了。其功效有：预防蛀牙、消除危害美容与健康的活性氧、改善皮肤过敏、减肥瘦身、抗肿瘤、预防老化功效。

乌龙茶的主要产地在福建、广东和台湾。以闽北的武夷岩茶、闽南的铁观音、广东单从和台湾的冻顶乌龙茶为最佳。乌龙茶又称为功夫茶，是因为其泡茶方法和其他茶类的泡饮不同，其茶器均有规格限制，对壶的要求更是严格：

泥料：紫泥类、绿泥类、红泥类和降坡泥均可，其中以红泥类最为标准。因其中的朱泥目数较高、密度大，对高香型茶品的香味吸附损失少，经过高温烧结的扁圆朱泥壶，益茶性，聚热扬香，是乌龙茶最佳伴侣。

容量：按照茶量的不同而选择不同容量的壶，一般为 80~200ml。

壶型：如果冲泡铁观音，壶型宜矮不宜高，能表现茶香特质，平顺释放出铁观音的茶韵花香。

黑茶搭配紫砂壶

黑茶属于后发酵茶，是我国特有的茶类，生产历史悠久，以制成紧压茶

清代邵茂林平盖紫砂小壶

边为主。黑茶是利用菌发酵的方式制成的一种茶叶，它的出现距今已有四百多年的历史。由于黑茶的原料比较粗老，制造过程中往往要堆积发酵较长时间，所以叶片大多呈现暗褐色，因此被人们称为"黑茶"。黑茶有补充膳食营养、助消化、解油腻、顺肠胃、降脂、减肥、软化人体血管、预防心血管疾病、抗氧化、延缓衰老、延年益寿、抗癌、抗突变、降血压、改善糖类新代、降血糖、防治糖尿病、杀菌、消炎、利尿解毒、降低烟酒毒害等多重功效。

黑茶主要产于湖南的安化县、湖北、四川、云南、广西等地。主要品种有安化黑茶、湖北佬扁茶、四川边茶、广西六堡散茶、云南普洱茶等。其中

清末瓜钮壶

云南普洱茶古今中外久负盛名。

黑茶汤浓，色泽较深，在选壶上也需要注意。

泥料：紫泥类 (生普、熟普皆可)，绿泥类 (可泡生普)。

壶型：壶腹较大的壶，因为普洱茶的浓度高，用腹大的壶可避免茶汤过浓。

容量：200ml 以上。

黄茶搭配紫砂壶

黄茶芽叶细嫩，显毫，香味鲜醇。黄茶的基本制作工艺近似绿茶，但在制茶过程中加以闷黄，因此具有黄汤黄叶的特点，这是制茶过程中进行焖堆的结果。有的揉前堆积焖黄，有的揉后堆积或久摊焖黄，有的初烘后堆积焖黄，有的再烘时焖黄。由于品种的不同，在茶片选择、加工工艺上有相当大的区别。比如，湖南省岳阳洞庭湖君山岛上的"君山银针"茶，采用的全是肥壮的芽头，制茶工艺精细，分杀青、摊放、初烘、复摊、初包、复烘、再摊放、复包、干燥、分级十道工序。加工后的"君山银针"茶外表披毛，色泽金黄光亮。

黄茶主要产地有：安徽、广东、贵州、湖南、湖北、四川、浙江。黄茶依原料芽叶的嫩度和大小可分为黄芽茶，黄小茶和黄大茶。主要花色有：君山银针、沩山毛尖、霍山黄芽、霍山黄大茶等。

黄茶选壶注意事项：

泥料：紫泥类、绿泥类、红泥类等所有泥料都可以。

壶型：口盖较大。

容量：200ml 以上。

白茶搭配紫砂壶

白茶最主要的特点是毫色银白，素有"绿妆素裹"之美感，且芽头肥壮，

清早期段泥圆壶

汤色黄亮, 滋味鲜醇, 叶底嫩匀。冲泡后品尝, 滋味鲜醇可口, 还能起药理作用。中医药理证明, 白茶性清凉, 具有退热降火之功效, 防癌, 抗癌, 防暑, 解毒, 治牙疼, 尤其是陈年的白毫。

其制作工艺, 一般分为萎凋和干燥两道工序, 而其关键是在于萎凋。萎凋分为室内萎凋和室外日光萎凋两种。要根据气候灵活掌握, 春秋晴天或者夏季不闷热的晴朗天气, 宜采取室内萎凋或者复式萎凋为佳, 在剔除梗、片、蜡叶、红张、暗张之后，以文火烘焙至足干，待水分含量为4%~5%时，趁热装箱。白茶制法的特点是既不破坏酶的活性，又不促进氧化作用，且保持毫香显现，汤味鲜爽。

白茶为福建的特产，主要产区在福鼎、政和、松溪、建阳等地。

清菊瓣小壶

白茶的主要品种有银针、白牡丹、贡眉、寿眉等。尤其是白毫银针，全是披满白色绒毛的牙尖，形状挺直如针，在众多的茶叶中，它是外形最优美的一种，令人喜爱。

白茶需要爽利散热的泡茶氛围，因此在泡饮白茶时需注意：

泥料：紫泥类、绿泥类均可。

壶型：口盖较大，壶腹较窄，壶身较高。

容量：300ml以上。

其他茶搭配紫砂壶

除了这六大基本茶类，还有利用茶叶再加工的茶，包括花茶、紧压茶、浓缩茶和速溶茶、液态茶饮料、香味茶和保健茶，等等。花茶就是用各种鲜花拼配绿茶、红茶及乌龙茶制成。紧压茶是用绿茶、红茶、乌龙茶、黑茶做原料，经蒸压成型而成的成品茶。

在品饮花茶时，我们也需要注意选壶的重要性，以泡出最醇香的花茶味道：

泥料：紫泥类、绿泥类、降坡泥均可。

壶型：口盖较大，壶腹适中。

容量：250ml 以上。

清代澹然斋小壶

第九章

紫砂壶与字画

姚泽民讲紫砂壶

· 紫砂壶与字画 ·

　　随着茶文化的盛行，宜兴紫砂壶越来越受到爱茶人的喜爱。紫砂壶之所以得享盛名，一是因为宜兴紫砂泥独特，名冠天下；二是历代紫砂工艺相传，青出于蓝而胜于蓝；三是文人的"介入"，一提紫砂壶，诗画篆刻便喷涌而出，故珍贵胜于黄金美玉。

陈曼生石瓢提梁壶

李宝珍诗文传炉壶

顾景舟茶杯

纵观紫砂陶史，每一步都有文人和文人书画相伴，是中国传统文化养育了紫砂器，它像中国画中的文人画一样，紫砂是文人陶、文化陶，是一种文化精神的反映。我们可以试着将文人书画与紫砂器之间作一个有趣的比较：紫砂花货的题材总是以文人自居的松竹梅岁寒三友、傲霜的秋菊、出淤泥而不染的荷花等为主，而这些也是文人书画常见的内容；文人书画讲究法则、金石趣味，紫砂装饰也求之，且每壶自明清后必有篆刻印款或加书画落款；文人书画讲究神、气、韵、章法，不求形似重神似，而紫砂花货也求神韵不唯形似，从前人陈鸣远到朱可心、裴石民、蒋蓉、汪寅仙等人的作品可代表性地看到这些；文人书画讲究笔墨线条厚重，而紫砂造型的线条亦力求深厚，求力度，讲朴拙，如裴石民、徐汉棠、何道洪等人的作品充分显示了这一点；文人书画讲究造型线条简练、意到，这在紫砂器中也可看到。上溯供春、时大彬，近到顾景舟等人的作品都刻意表现精神、意趣、线条，力避烦琐，求舒曲自然、气韵生动、上下贯气。最重要的一点，文人书画的作者都是知识丰富、能诗善画的文人墨客和学者，有独到的见解和生活素养，因此，能在作品中体现出清高的情操和隽逸的追求，而紫砂名人

许成权石瓢壶（陈大羽刻）

描金诗文山水方菱壶

中，很多人与文人学者交朋友，并在家中作壶求趣，本身也兼容了文人的学习和鉴赏家的气质与素养，能够剖析选型精神，把握造型气质。

　　宜兴紫砂陶自问世以来，就与书画艺术结下了不解之缘。北宋大文学家苏东坡当年在宜兴蜀山讲学期间，亲自设计了"提梁壶"，并在壶上刻下"松风竹炉，提壶相呼"的诗句，这是宜兴紫砂壶与书法艺术的最早结缘。壶以铭贵，铭以壶传。一般来讲，书画名家与紫砂艺人共创的紫砂壶又名"文人壶"，在我国现已盛行起来。经由书画名家再创作的紫砂壶，跟随作者名气的晋升而身价大涨。一位收藏界资深人士曾经说，经过历代字画名家董其昌、

毛主席诗句壶（束凤英作）

清玉成窑圆壶

郑板桥等文人妙手"点化"的紫砂壶，如今价格已涨了数千倍，售价最高达几十万元一把。

紫砂陶从诞生之日起，就集造型、文学、书画、金石、篆刻于一体，它古色古香的泥质与传统文化又是天然的默契。在宜兴紫砂史上，有过"壶随字贵，字随壶传"的记载，恰当地评价了明清以来，紫砂壶与书法艺术的巧妙结合，达到了珠联璧合的效果。在某种意义上说，宜兴紫砂如果没有文人墨客的参与，也就没有今天的辉煌。特别是紫砂壶的作者在署款、印章和雅士铭文以后，使之不同于凡俗。清代西泠八大家之一的陈曼生所刻铭壶，刀法遒劲，字形风流，铭文也颇有情趣，他在壶身表面铭刻："拙壶相呼，松风竹炉"，"翡翠婵娟，春风荡漾，置壶竹中，影落壶上"，或是感时，或是寄情，或是警世，无不雅兴若斯，令人神驰。

紫砂艺术注重壶体造型和书画艺术的有机结合，在形与神、情与境的交融汇合中展示生动鲜明的时代感，创作出新品佳作。如曾获莱比锡国际博览会金奖的"竹筒茶具"，是以山东银雀山汉墓出土的竹筒为壶体造型，其装饰采用汉隶书法，铭刻《孙子兵法》中《擒庞涓》片段，浑圆的笔势，顿挫

清三足描金篆书壶

民国段泥砖方壶

刻竹紫砂臂搁

民国邵全章平盖诗文壶

波挑硬朗豪拓，横画平直舒展，撇捺飘逸灵秀，充溢着书卷气息和流畅感，在紫砂壶艺术与书法的交织中，折射出浓郁的民风情调，难怪在异国他乡一鸣惊人。

紫砂茗壶大多是方寸田地，而且形态不一，有圆形、方形、棱形、扁形等，在壶上施画既要注重壶画合一的整体性，又要讲究壶画映衬的情趣性，使壶画具有真正意义上的创意性和表现美，如中国工艺美术大师汪寅仙的"大石瓢壶"

创作的"八仙图"，可谓是精心之作。根据石瓢壶造型本身的古朴凝重之气，施环形画时八个仙翁有聚有散，有静有动，形神不一，个性鲜明而气息相通。令人回味无穷，使壶画更具书卷诗文之气。

明代刻花水仙盆

小石瓢壶

查元康刻竹

147